인생 기본기를 만들어주는

인생 처방 약
Mind 100정

와일드북

와일드북은 한국평생교육원의 출판 브랜드입니다.

인생 기본기를 만들어주는

인생 처방 약 Mind 100정

초판 1쇄 인쇄 | 2018년 10월 10일
초판 1쇄 발행 | 2018년 10월 15일

지은이 | 진낙식
발행인 | 유광선
발행처 | 한국평생교육원
편 집 | 장운갑
디자인 | 박형빈

주 소 | (대전) 대전광역시 유성구 도안대로589번길 13 2층
　　　　　(서울) 서울시 서초구 반포대로 14길 30(센츄리 1차오피스텔 1107호)
전 화 | (대전) 042-533-9333 / (서울) 02-597-2228
팩 스 | (대전) 0505-403-3331 / (서울) 02-597-2229
등록번호 | 제2015-30호
이메일 | klec2228@gmail.com
ISBN 979-11-88393-08-4 (13190)

책값은 책표지 뒤에 있습니다.

이 도서의 국립중앙도서관 출판예정도서목록(CIP)은 서지정보유통지원시스템 홈페이지 (http://seoji.nl.go.kr)와 국가자료공동목록시스템(http://www.nl.go.kr/kolisnet)에서 이용하실 수 있습니다.(CIP2018030652)

인생 기본기를 만들어주는

인생 처방 약
Mind 100정

진낙식 지음

와일드북

차례

인생 처방 1   나를 먼저 찾고 인생을 찾아주는 약 - 나 찾기

인생 처방 2   단점을 장점으로 만드는 약 - 긍정

인생 처방 5 느리지만 결국엔 이기는 거북이처럼 되는 약- 노력

인생 처방 약 마인드 100정 사용법

마인드(Mind)란

정신, 마음, 태도, 철학, 신념이라고도 할 수 있음.

일생에 한 번은 먹어야 되는 약.

묻지도 따지지도 말고 먹어야 되는 약.

먹어도 되고, 안 먹어도 되는 약.

처방받는 선택은 본인이 하는 약.

사전검사, 처방 약, 실천하기를 함께 해야 효과가 있다는 것을

명심해야 한다.

약의 효능

이 약을 먹으면 4차 산업혁명 인공지능 시대에도 절대 변하지

않는 인생의 기본기를 만들어 준다.

이 약을 먹으면 원하는 것을 지치지 않고 할 수 있게 된다.

열정^2 =100정

이 약을 먹으면 방황하던 사람도 정신 차리게 된다.

주의사항

하루에 1정씩 100일 동안 먹으면 효과가 있음.

남용해도 됨.

하루에 다 먹어도 됨.

나이에 관계없이 젊은이도 먹고, 늙은이도 먹어도 됨.

일어나자마자 먹어도 좋고, 식전식후 먹어도 좋고, 잠자기 전

에 먹어도 좋음.

처방 약을 들고 다니면서 수시로 먹어도 됨.

단, 10년 이상은 먹어야 효과가 있음.

의사나 약사 없이도 먹어도 됨.

책(약) 광고

글이 짧아 지루하지 않게 읽을 수 있는 책(약)

독서를 싫어하는 사람도 쉽게 읽을 수 있는 책(약)

하루 만에 다 읽을(먹을) 수 있는 책(약)

선물하기 좋은 책(약)

상상 추천사

나는 구구단을 제대로 외우지 못하고 교육방식을 경멸해 무례한 행동을 자주했다. 하지만 지식보다 중요한 것은 상상력이라는 신념으로 과학계의 한 획을 그을 수 있었다. 사람들은 아무것도 하지 않으면서 잘되길 바란다. 나는 그런 사람들을 보고 정신병자라고 말하고 싶다. 진낙식 박사의 인생 처방 약을 먹고, 인생을 당신이 원하는 대로 상상하고, 당신이 원하는 대로 실천하는 사람이 되었으면 한다.

　　　　　　　　　　　　　　- 상상력으로 과학계의 한 획을 그은 아인슈타인

정말로 제대로 된 인생을 살고 싶다면 성공적인 삶을 살아간 사람을 연구해보는 것을 추천한다. 이 책에 나온 100정의 약은 백 사람을 만나는 것과 같으므로 열심히 복용하기 바란다.

　　　　　　　　　- 성공인 507명을 인터뷰해서 '성공법칙' 책을 남긴 나폴레온 힐

나는 호기심이 많아 엉뚱한 짓을 해서 초등학교를 3개월밖에 못 다니고 쫓겨났지만, 내가 역사에 길이 남는 사람이 된 것은 도서관에서

닥치는 대로 책을 읽었기 때문이다. 여러분도 이 책처럼 쉬운 책을 시작으로 닥치는 대로 읽어보기를 추천한다.

- 발명특허 1,093개, 사업가 에디슨

성공하는 사람들의 습관 7가지를 외우는 방법을 알려주겠다.

1. 1등이 되려면 자신의 삶을 주도적으로 살아라.
2. 이슬을 맺으려면 꿈과 목표, 사명을 가져라.
3. 삼팔선에서 살아남으려면 소중한 것을 먼저 해라.
4. 사자의 승리법칙인 윈윈(win - win) 법칙을 생각해라.
5. 오리발을 내밀지 않으려면 먼저 이해하고 경청해라.
6. 육교를 만들어서 시너지 효과를 내라.
7. 칠판에 할 일을 적고 끊임없이 쇄신해라.

마지막으로 인생을 제대로 살고 싶다면 진낙식 박사가 처방한 '인생 처방 약'을 매일 먹고 실천해라.

- 성공하는 사람들의 7가지 습관의 저자 스티브 코비

나는 정규교육을 받지 않고 자수성가한 대표적인 인물이다. 나는 13가지 항목을 정해 매일 실천하고 반성하는 시간을 가졌기 때문에 내 업적을 만들 수 있었다. 여러분도 인생 처방전에 나오는 10가지 처방 약을 자신만의 인생 신조로 삼고 매일 실천하고 반성하는 시간을 갖는다면 남은 인생은 후회 없는 행복한 삶을 누릴 수 있을 것이다.

- 인쇄사업가, 피뢰침 발명가, 정치가, 벤저민 프랭클린

'stay hungry, stay foolish' 항상 갈망하고, 우직하게 살아라.

내가 2005년도에 스탠포드 대학 졸업식 축사에서 인용한 말이다. 이 책에도 보면 내 생각과 같은 내용이 나온다.

'항상 계산하지 않고 그냥 도전해라. 느리지만 결국엔 이기는 거북이처럼 노력해라.'

진낙식 박사의 '인생 처방 약'은 나의 비전처럼 온 우주에 영향을 미칠 것이다.

- 전 애플 CEO 스티브 잡스

문항당 10점입니다. 자신이 생각하는 점수를 적어보세요.

1. 나는 나에 대해 잘 안다. (점)

2. 나는 단점을 장점으로 만들 정도로 긍정적이다. (점)

3. 나는 계산하지 않고 도전한다. (점)

4. 나는 고정관념이 없다. (점)

5. 나는 지금 죽을 힘을 다해 노력하는 것이 있다. (점)

6. 나는 칭찬을 잘한다. (점)

7. 나는 나눔을 실천하고 있다. (점)

8. 나는 내 말보다 남의 말을 잘 들어준다. (점)

9. 나는 나를 믿고, 내가 하는 일을 믿는다. (점)

10. 나는 미루지 않고, 바로 실천한다. (점)

10개 항목을 합산하면 당신의 인생 마인드 점수가 나옵니다. (합계 점)

점수는 중요하지 않습니다. 무엇이 부족한지 아는 것으로 만족하세요.

당신이 제일 아픈 마인드는 무엇입니까?

자, 이제부터 당신의 인생 마인드에 처방 약을 찾아보세요.

설문 1

이 책에 나와 있는 인생 처방 약 '마인드' 중 삶에서 제일 필요하고 중요하다고 생각되는 것은 무엇입니까? 한 가지만 선택해 주세요. 보기에 없다면 직접 적어 주세요.

(나 찾기, 긍정, 도전, 고정관념, 노력, 칭찬, 나눔, 경청, 믿음, 실천)

(_____)

설문 2

어떤 것에 대해 나만의 '정의'를 내리는 순간, 나는 그 '정의'대로 살아가게 된다.

– 진낙식 인생 처방사–

간단하게 한 단어나 한 문장으로 나만의 정의를 내려주세요.

1) 행복은 무엇이라고 생각하십니까? 행복은 (_____).

2) 성공은 무엇이라고 생각하십니까? 성공은 (_____).

3) 그럼 행복하고 성공적인 삶을 위해 꼭 필요한 것이 있다면 무엇

인가요?

딱 한 가지만 말해주세요. (_____)

답장을 주시면 참고해서 다음 책을 집필하는 데 참고하겠습니다.

답장 주신 분들은 행복한 부자 되세요.

010- 8944- 3907

카톡 jinnakzi05

메일 05070208@hanmail.net

예시) 답장을 이런 식으로 보내시면 됩니다.

성별? 남

나이? 40대

설문1) 노력

설문2)

행복은 '어떠한 경우에도 웃는 사람이 행복한 사람이다.'

성공은 '자신이 원하는 것을 계속하는 것이 성공이다.'

행복한 성공을 위해 꼭 필요한 것은 '긍정적으로 생각하기'이다.

나를 먼저 찾고 인생을 찾아주는 약- 나 찾기

나를 아는 것이 먼저다

집사람은 나이가 먹을수록 살이 찐다고 불만이다.

어느 날 집사람은 체중을 줄이기로 결심했다고 말했다.

그래서 내가 조언을 해주었다.

"가장 먼저 할 일은 매일 자기 체중을 재고, 먹은 양을 기록하고, 하루에 얼마나 운동을 하는 기록해봐!"

집사람이 짜증난다는 듯이 말한다.

"나도 알거든요!"

난 집사람에게 가끔 이런 말을 한다.

"우리 재테크해서 부자 되자."

그럼 집사람이 한마디 한다.

"재테크를 해서 부자가 되고 싶어? 그럼 가장 먼저 할 일은 지금 얼마나 가지고 있는지, 얼마나 버는지, 얼마나 쓰는지 기록해봐!"

나도 한마디 한다.

"그런 당신은 그렇게 하고 있어?"

장모님은 70이 넘으셨다.

오래 사시겠다는 말씀은 안 하셔도 정기적으로 종합건강검진은 꼭 하신다.

나이, 키, 직업, 운전여부, 여행을 얼마나 가는지, 생활방식 등 필요 없을 것 같은 것을 많이 설문지에 쓰게 하고, 별거 다 물어본다고 힘 들어하셨다.

그리고 의사가 이런 말을 했다고 했다.

"정확한 진단이 치료의 절반입니다. 힘드시겠지만 정확하게 기록 해주세요"

인생 처방을 받고 싶은가?

그럼 자신이 처한 상황을 정확히 진단부터 해야 한다.

뭘 하든지 지금 현재 상황을 먼저 파악해야 한다.

그게 전부일 수 있다는 것을 명심하자.

인생 마라톤에서 몇 개월, 심지어는 몇 년을 절약할 수 있다.

답은 진단 안에 있다.

인생 처방 약 10정에 있는 '나를 찾는 80문 80답'을 진단해 보기 바 란다.

0.1%의 비밀, 메타인지

얼마 전 모 방송사에서 '0.1%의 비밀'을 연구했다.

연구대상은 전국 모의고사 석차 0.1% 안에 들어가는 800명의 학생들과 평범한 학생들 700명을 비교했다.

두 그룹은 어떤 차이가 있을까?

0.1% 아이들의 특징은 IQ도 크게 높지 않고, 부모의 경제력이나 학력도 별반 다를 것이 없었다.

그렇다면 무엇이 이 엄청난 차이를 만들어내는 것일까?

또 다른 실험을 했다.

서로 연관성이 없는 단어(예: 변호사, 여행, 초인종 등) 25개를 한 개당 3초씩 모두 75초 동안 보여주었다.

그리고는 얼마나 기억할 수 있는가를 검사하였다.

여기서 중요한 건 검사를 받기 전 '자신이 얼마나 기억해 낼 수 있는가.'를 먼저 밝히고 단어들을 기억해 내는 것이었다.

결과는 흥미로웠다.

0.1%의 학생들은 자신의 판단과 실제 기억해 낸 숫자가 크게 다르지 않았고, 평범한 학생들은 이 둘 간의 차이가(더 많이 쓰든 혹은 적게 쓰든 간에) 훨씬 더 컸다. 더욱 재미있는 사실은 기억해 낸 단어의 수 자체에 있어서는 이 두 그룹 간의 차이가 크지 않았다는 점이다.

즉, 기억력 자체에는 큰 차이가 없지만 자신의 기억력을 바라보는 눈에 있어서는 0.1%의 학생들이 더 정확했다는 것이다.

이는 무엇을 의미하는 것일까?

바로 메타인지 능력에 있어서의 차이이다.

메타인지는 무엇인가?

또 다른 지적 능력이자 나는 얼마만큼 할 수 있는가에 대한 판단이다.

자신이 무엇을 알고 무엇을 모르는지 정확히 파악하는 능력인 것이다.

메타인지가 높은 아이들이 하는 행동

설명놀이, 선생님 놀이: 남을 가르치면서 자신이 더 배운다.

인지심리학의 대가 아트 마크먼 교수는 지식에는 두 가지 종류가 있다고 말했다.
첫 번째는 내가 알고 있다는 느낌은 있는데 설명을 못 하는 지식.
두 번째는 내가 알고 있다는 느낌뿐만 아니라 남들에게 설명을 할 수 있는 지식.
당신이 아는 지식은 가짜 지식인가? 진짜 지식인가?
인생 0.1%가 되는 비밀을 알려주겠다.
내가 무엇을 못 하고 무엇을 잘하는지 알아야 한다.
그리고 내가 알고 있는 것을 남에게 설명하고 가르쳐주자.
그게 바로 잘사는 인생이다.

나 자신을 먼저 알아야 한다

너 자신을 알라.

– 소크라테스 –

남을 아는 것은 현명하다.

그러나 자기 자신을 아는 사람이 더 현명한 사람이다.

남을 이기는 사람은 강하다.

그러나 자기 자신을 이기는 사람은 더 강하다.

죽으면서도 자기가 멸망하지 않을 것을 아는 자는 영원하다.

– 노자

너 자신을 아는 것을 너의 일로 삼아라. 그것은 세상에서 가장 어려운 교훈이다.

– 세르반테스

우리가 어디를 가든 무엇을 하든 우리의 한 가지 연구 대상은 자기 자신이다.

– 에머슨

모든 문제점과 해결점은 나로부터 비롯된다.

– 나비 말씀

나를 알아야 너도 알 수 있다.

오늘을 잘살아야 내일을 잘살 수 있다.

지금 잘해야 나중에 잘할 수 있다.

– 나를 알고, 오늘을 살고, 지금 하는 사람–

나도 모르면서 너를 논하지 마라.

– 인생 처방사

나만의 색깔을 가져라

영국에서 있었던 일이다.

한 남자가 크리스마스 파티에 사용할 돼지가 필요했다.

남자는 동물 탈을 뒤집어쓰고 숲속의 돼지를 잡으러 다녔다. 동물 탈로 위장하면 돼지가 도망가지 않기 때문이다.

그런데 또 한 남자도 크리스마스 파티에 사용할 돼지를 잡기 위해 사냥총을 들고 숲속에 들어왔다.

그 남자는 동물처럼 보이는 것이 있어 총을 쏴서 잡았다.

그 동물은 돼지 탈을 쓴 사람이었다.

다른 사람의 탈을 쓰지 마라.

나만의 탈을 쓰고 세상을 살아라.

다른 사람과 똑같은 색깔로 살지 말고

나만의 색깔로 살아야 한다.

나는 무슨 색깔인가?

퍼스널컬러 진단을 해주는 곳이 있다.

먼저 내 정보를 입력해야 한다.

나이, 성별, 직업, 내가 원하는 이미지, 내가 좋아하는 색깔, 나의 머리 스타일, 나의 옷 입는 스타일, 나의 성향 등 나의 외모와 성격을 알아야 나에게 맞는 퍼스널 컬러가 나온다.

먼저 내 색깔을 알아야 남과 어울리는 색깔을 찾을 수 있다.

당신의 안경은 무슨 색인가

새 차를 샀다.

사자마자 기름을 넣기 위해 집사람이랑 주유소에 갔다.

주유소에서 서비스로 앞 유리를 닦아 주었다.

기분이 좋았다.

주유소 직원이 말했다.

"주유 다 했습니다."

그런데 앞 유리가 아직 더러운 곳이 있는 것 같았다.

그래서 주유소 직원에게 말했다.

"아직 덜 닦인 것 같아요. 한 번 더 닦아 주세요."

주유소 직원은 친절하게도 바로 한 번 더 닦아 주었다.

그런데 내 눈에는 유리창이 아직 더러웠다.

주유소 직원에게 짜증을 냈다.

그런데 집사람이 갑자기 내 안경을 벗겨 화장지로 닦아주면서 말했다.

"여보, 당신 안경이 더럽잖아요!"

난 주유소 직원에게 감사하고 미안하다고 말하고 도망치듯 주유소를 나왔다.

남이 더러워 보이는 것은

내 마음이 더러워서이다.

누구나 마음의 안경을 쓰고 산다.

투명하고 깨끗한 안경, 얼룩진 안경, 깨진 안경, 색안경……

남을 탓하기에 앞서

자신의 마음에 어떤 안경이 씌어 있는지 확인해라.

혹시 흐릿하게 보이는가?

아니면 맑고 선명하게 보이는가?

나를 돌아보며 마음의 안경을 확인하는 시간은

그리 오래 걸리지 않는다.

내 마음의 안경을 먼저 닦아라.

온 세상이 깨끗하게 보일 것이다.

나를 찾는 것이 진짜 철학적인 삶

철학 하면 떠오르는 것은 무엇인가?

'어렵다.', '힘들다.', '지루하다.'

철학하는 사람은 철학을 어렵게 생각하지 말라고 말한다.

무슨 어려운 문제를 가지고 까다롭게 토론을 벌이는 것이라고 생각한다.

철학하는 사람은 '철학이란?' 질문에 이렇게 대답한다.

'나 자신에 관한 진지한 물음과 대답을 통해 나 자신을 올바로 알고 자신의 올바른 인생관을 확립하는 데 목적이 있다.'

철학 하면 생각나는 사람이 누구인가?

"너 자신을 알라."

소크라테스이다.

그의 말은 철학의 정곡을 찌르는 말이다.

철학 뭐 있어?

나만 제대로 알아도 철학하는 거다!

고로 나를 잘 아는 사람은 철학적인 삶을 살고 있는 것이다.

철학은 어렵고, 힘들고, 지루하다.

하지만 철학을 하는 순간 내 인생은 달라진다.

나를 아는 것은 어렵고, 힘들고, 지루하다.

하지만 나를 알아가는 동안 내 인생은 달라진다.

7정

나를 브랜딩해라

'홍길동'이 있다.

그 이름에 브랜드가 있다.

'동東에 번쩍, 서西에 번쩍'

신출귀몰하는 이미지가 떠오른다.

동시에 뛰어난 무예도 연상되고 '탐관오리를 혼내주는 정의의 사나이'라는 이미지가 떠오른다.

애플의 창업자 스티브 잡스가 있다.

그의 장점인 개성과 창의적인 이미지를 좋아한다.

애플 하면 스티브 잡스를 떠올린다.

스티브 잡스에 대한 칭찬이 늘어날수록 애플의 브랜드 가치도 동반 성장했고 경영실적도 좋아졌다.

개인 브랜드는 나 자신을 넘어 사회생활, 회사생활, 국가의 이미지까지 영향을 줄 수 있을 만큼 큰 힘을 갖고 있다.

나는 무엇을 좋아하는가?

나는 무엇을 잘하는가?

두 가지 질문의 교집합은 무엇인가? 그것이 나만의 브랜드다.

나는 다른 사람에게 어떻게 보이기를 원하는가?

나는 다른 사람에게 어떻게 보이고 있는가?

두 가지 질문의 교집합은 무엇인가? 그것이 나만의 브랜드다.

나의 강점, 약점은 무엇인가?

강점은 더 크게, 약점은 인정하고 스토리화하면 브랜드가 된다.

나는 무엇에 가치를 두는가?

브랜드에 가치, 철학, 신념이 있다면 흔들리지 않고 100년을 갈 수 있다.

나의 고객은 누구인가?

나의 고객을 정확히 알고, 그들이 원하는 것을 알아야 나의 브랜드를 만들 수 있다.

나의 브랜드를 한마디로 말하면?

예) 관점디자이너 박용후, 지식소매상 유시민, 지식생태학자 유영만, 달인 김병만, 의리의리 김보성, 인생 처방사 진낙식

내안에서 '나'라는 보물을 찾아라

한 남자가 있었다.

그 남자는 한 친구로부터 엄청난 보석을 선물로 받는다.

남자는 밤이 되어 잠이 들었다.

그 친구는 남자가 보석을 잃어버릴까 봐 걱정을 했다.

그래서 남자의 옷 안쪽에 바느질을 해서 보석을 잘 감춰놓았다.

다음 날 아침 친구는 깜박하고 보석을 잘 감춰놓은 사실을 알려주지 못하고 머나먼 여행을 떠났다.

그 후 남자는 옷 안쪽에 엄청난 보석이 들어 있다는 것을 평생 모르고 가난하게 살았다.

그러다가 오랜 세월이 흐르고 친구를 다시 만났다.

남자는 그 친구를 다시 만나서야 엄청난 보석을 평생 옷 속에 가지고 다닌 것을 알았다.

그 남자와 친구는 사람들에게 이렇게 말하고 싶을 것이다.

"당신 안에 엄청난 보물이 있는데 왜 그걸 찾으려고 하지 않는가?"

초등학교 때 소풍 가서 보물찾기를 했다.

친구들과 나는 미친 듯이 보물을 찾으러 다녔다.

분명 어딘가에 보물이 숨겨져 있다는 믿음을 갖고 있기 때문이다.

아마 내가 보물이 아무 데도 없을 거라 의심했다면 절대 찾을 수 없었을 것이다.

그럼 필사적일 필요가 없다.

우리의 인생도 마찬가지다.

먼저 자신 안에 보물이 있다는 것을 믿어라.

그래야 죽을힘을 다해 필사적으로 찾게 된다.

당신의 행복과 성공을 위한 보물을 찾아라.

멀리서 찾지 마라.

내 안에 있다.

혼자 찾지 말고 물어보면서 같이 찾아라.

쉽게 찾을 수 있다.

나의 강점도 보물이요. 단점도 보물이다.

강점은 더 개발하면 더 큰 보물이 되고,

단점은 의미를 부여하면 나만의 보물 스토리가 된다.

9정
어쭈구리

연못에 잉어 한 마리가 살고 있었다.

어느 날 연못에 큰 메기 한 마리가 침입하였다.

그 메기는 잉어를 보자마자 잡아먹으려고 했다.

잉어는 도망 다녔지만 역부족이었다.

도망갈 곳이 없어진 잉어는 초어적인 힘을 발휘하게 된다.

잉어는 땅에 올라갔고, 지느러미를 다리 삼아 뛰기 시작했다.

잉어가 뛰어간 거리는 약 9리 정도였다.

그때 잉어가 뛰는걸 보고 한 농부가 잉어의 뒤를 따라가다가 이렇게 외쳤다.

"어주구리(漁走九里)"

그리고는 농부는 그 잉어를 잡아 식구들과 함께 맛있게 먹었다.

능력도 안 되는 사람이 센 척하면 우리는 이렇게 말한다.

"어쭈구리……."

어쭈구리 소리 안 들으려면 나를 알아야 한다.

잉어가 달리기를 하듯

멥새가 황새 따라가고

토끼가 수영을 잘하기 위해서 노력한다면

주위 사람들은 이런 말을 할 것이다.

"멥쭈구리", "토쭈구리"

잉어는 잉어다.

멥새는 멥새다.

토끼는 토끼다.

나는 나다.

나를 알고, 나를 찾고, 나를 만들어야 한다.

그러면 9리가 아니라 100리도 갈 수 있다.

10장

'나'를 찾는 80문 80답

내 이름의 의미는 무엇인가?

부모님은 나에게 어떤 영향을 주셨는가?

나의 어린 시절을 어떻게 기억하는가?

내 혈액형으로 보는 성격과 진짜 성격은 어떤 차이가 있는가?

나의 별명은 무엇인가?

남들이 나를 뭐라고 불러주기 바라는가?

지금까지 살아오면서 최대의 성공은?

지금까지 살아오면서 최대의 실패는?

지금까지 살아오면서 가장 슬펐던 일은?

지금까지 살아오면서 가장 기뻤던 일은?

내가 가장 듣기 싫었던 말은?

제일 크게 싸웠던 기억은?

나의 성격은?

내가 생각하는 나의 강점은?(3가지)

내가 생각하는 나의 약점은?(3가지)

지금 내게 기회라고 생각하는 것은?

지금 내게 위기라고 생각하는 것은?

하루 중 집중이 잘되는 시간은?

좋아하는 숫자는?

나의 보물 1호는?

지금 가장 가지고 싶은 것은?

현재 내 지갑에 갖고 있는 현금은 얼마인가?

오늘 안으로 내가 조달할 수 있는 현금은 얼마인가?

내가 갖고 있는 신용카드는 몇 개인가?

내가 갖고 있는 통장은 몇 개 인가?

살아오면서 누눈가를 크게 도와준 기억이 있다면?

지금까지 해본 아르바이트 경력 중 가장 기억에 남는 것은?

나는 뭐 하는 사람인가?

나는 앞으로 무슨 일을 하고 싶은가?

가장 기억에 남는 책은?

요즈음 자주 즐겨 듣는 음악 스타일은?

노래방 애창곡을 나열해 본다면?

좋아하는 연예인은?

좋아하는 텔레비전 프로그램 유형은?

꼭 한 번 가보고 싶은 나라가 있다면?

내가 즐겨하는 헤어스타일은?

좋아하는 색깔은?

좋아하는 계절은?

좋아하는 동물은?

싫어하는 동물은?

내가 좋아하는 음식은?

내가 싫어하는 음식은?

나의 주량은?

나의 흡연량은?

평균 수면 시간은?

어떤 중독이든 빠져 본 적이 있는가?

나의 습관이나 버릇은?

징크스가 있다면?

역사상 내가 가장 존경하는 사람은?

나의 좌우명은?

내 휴대전화에 입력된 사람 수는?

다른 사람이 나의 어떤 면을 보는 것이 두려운가?

취미 1가지는?

특기 1가지는?

나만의 스트레스 해소 방법은?

요즘 가슴 설레는 일은?

내가 누군가에게 듣고 싶은 말이 있다면?

나의 가치를 돈으로 환산해 본다면?

지금 당장 소원을 들어주는 요술 램프가 있다면 무엇을 빌겠는가?

5년 후에 나는 어떤 모습일까?

현재 나의 건강 상태는?

현재 나의 독서량은?

현재 나의 멘토는?

현재 나의 롤모델은?

10년 후에 꼭 이루고 싶은 목표는?

나의 비전을 한 문장으로 설명할 수 있는가?

내가 정말 원하는 삶은?

내가 생각하는 나의 노후는?

나는 몇 살까지 살고 싶은가?

3일 후에 죽는다면 가장 하고 싶은 일은?

나의 묘비에 남기고 싶은 말은?

나는 내 자신에게 얼마나 만족하는가?(%)

나는 얼마나 긍정적인가?(%)

나는 나 자신을 얼마나 믿는가?(%)

나의 외모에 대한 나의 만족도는?(%)

나는 지금 얼마나 행복한가?(%)

현재 내가 선택한 진로(전공, 직업)에 만족하는가?(%)

현재 내가 다니는 학교(직업)에 만족하는가?(%)

나의 비전과 전공(하는 일)은 일치하는가?(%)

나의 적성과 전공(하는 일)은 일치하는가?(%)

인생 '나찾기' 마인드 솔루션

"나를 아는 것이 인생의 전부를 아는 것이다."

나를 찾기 위해 꼭 실천하고 싶은 것을 쓰세요.
예) 독서하는 나, 책을 쓰는 나, 강의하는 내가 되자.

단점을 장점으로 만드는 약 - 긍정

긍정적으로 바라보는 법과 부정적으로 바라보는 법

어떤 사람에게 상처는 부정적인 영향을 미친다. 하지만 어떤 사람에게는 삶의 스토리가 된다. 그리고 그것으로 인해 삶의 동기가 되기도 한다.

그 상처가 곪아서 터지느냐 치료되어 오히려 더 건강해지냐는 그것을 상처로 인정하고 치유하느냐 부정하고 방치하느냐에 달려 있다.

상처를 부정적으로 바라보면 곪아 터지고, 상처를 긍정적으로 바라보면 기회로 삼아 더 건강에 신경을 쓴다.

똑같은 재료도 어떤 방법으로 오랜 시간 놔두느냐에 따라 전혀 다른 모습으로 변한다.

포도는 그냥 오래 두면 썩어서 버린다. 하지만 잘 처리해서 오래 두면 와인이 된다.

배추도 그냥 오래 두면 썩어서 버린다. 하지만 잘 처리해서 오래 두면 김치가 된다.

밥을 그냥 오래 두면 썩어서 버린다. 하지만 잘 처리해서 오래 두면 식혜가 된다.

과거의 상처, 고난, 고통, 실패도 마찬가지다.

그냥 오래 두면 우울증에 걸리거나, 실패자, 패배자가 된다. 하지만 잘 처리하면 전혀 다른 삶의 결과로 나타난다.

'그냥 오래 두는 것'은 부정적으로 바라보는 것이고, '잘 처리하는 방법'은 긍정적으로 바라보는 것이다.

상처는 좋은 것이다.

축구를 하다가 상대방 선수에게 태클을 했다.

태클을 잘못해서 상처가 났다.

이제 상처 나지 않는 법을 배웠다.

누군가 나에게 상처 되는 말을 한다.

나는 스트레스를 받는다.

나는 스트레스에게 배웠다.

나는 누군가에게 상처 되는 말을 하지 않을 것이다.

감사하면 감사한 일만 생긴다는 말이 있다.

부정적으로 바라보면 부정적인 일만 생긴다.

긍정적으로 바라보면 긍정적인 일만 생긴다.

'그러나' 법칙

기말 고사 성적이 떨어졌다.

'그러나' 건강한 몸을 가져 뭐든 할 수 있다.

집사람이 매일 잔소리를 한다.

'그러나' 아직 잔소리하는 집사람과 함께 살아 행복하다.

집사람을 사고로 잃었다.

'그러나' 나는 아직 아이들이 있다.

핸드폰을 보는데 노안이 와서 잘 안 보인다.

'그러나' 아직 실명은 아니다.

나는 발표할 때 긴장되고 떨린다.

'그러나' 입으로 말을 할 수는 있다.

요즘 경기가 안 좋아 먹고 사는 게 힘이 든다.

'그러나' 아직 삼시 세 끼 밥은 먹고 다닌다.

비가 억수 같이 와서 옷이 다 젖었다.

'그러나' 아직 홍수가 난 것은 아니다.

헬렌 켈러는 눈이 안 보이고, 귀가 안 들리고, 말을 못 했다.

'그러나' 그녀는 꿈을 못 보는 사람이 더 불행한 사람이라고 말했다.

'그러나'를 국어사전을 찾아보면 이렇게 나온다.

'앞의 내용과 뒤의 내용이 상반될 때 쓰는 접속 부사.'

'그러나' 뒤에는 반전이 꼭 따라온다.

'그러나' 앞에 긍정이 오면 뒤에는 부정으로 반전한다.

'그러나' 앞에 부정이 오면 뒤에는 긍정으로 반전한다.

긍정 – '그러나' – 부정

진낙식은 잘생겼다. '그러나' 말을 썰렁하게 한다.

부정 – '그러나' – 긍정

진낙식은 말을 썰렁하게 한다. '그러나' 벙어리는 아니다.

'그러나'의 힘은 반전이다.

안 좋은 상황, 부정적인 상황에서 사용하면 그 힘이 더 커진다.

반전이 있는 이야기, 드라마, 영화는 재미있고 인기가 좋다.

내 인생의 부정적인 면을 찾아라.

그리고 '그러나'의 힘을 이용해서 긍정으로 만들어라.

인생이 달라질 것이다.

'실패했다'를 '도전했다'로 만드는 '긍정'

한 남자가 있었다.

그 남자의 젊은 시절은 '낙방'과 '실패', '거절'이란 단어로 많이 설명한다.

초등학교 기말시험 2번 낙제.

중학교 시험에 3번 낙방.

대학에 3번 낙방.

정원 미달로 겨우 대학교에 입학.

취업에도 30번 낙방.

하버드대 10번 낙방.

KFC 알바 입사지원 24명 중 혼자만 낙방.

경찰 지원자 5명 중 혼자만 낙방.

50만 원 투자로 사업에 도전하지만 경리직원이 돈을 빼돌려 첫 사업에 실패.

'하이보 네트워크' 인터넷 회사 실패.

실리콘 밸리 투자사 40여 곳 모두에게 거절.

낙방과 거절, 실패를 수 없이 많이 한 이 남자는 바로 알리바바 회장 마윈이다.

한국에 온 마윈 회장에게 어느 기자가 물었다.

"왜 그렇게 많이 떨어졌나요?"

마윈 회장은 이렇게 말했다.

"내가 떨어진 것은 누가 봐도 자연스러운 일이었다. 제대로 된 학위도 없고 집안 배경도 그저 그랬고 생긴 것도 변변치 않았다. 나는 낙방, 실패, 거절에 익숙한 사람이다."

기자가 또 물었다.

"낙방의 경험이 경영에 도움이 되는 부분도 있나요?"

마윈 회장은 이렇게 말했다.

"당연하다. 누군가 우리의 제안을 받아들이면 아주 감사한 일이고, 낙방, 실패, 거절당하면 당연하다고 생각해야 한다. 아무것도 하지 않으면 아무것도 이룰 수 없지 않겠는가. 실패가 없었다면 알리바바도 없었다. 가장 큰 실패는 포기하는 것이다.

키 162cm, 몸무게 45kg의 깡마른 체구

그럼에도 불구하고 마윈 회장은 또 도전한다.

'영화배우, 가수'

마윈 회장의 도전은 어디까지일까 궁금하다.

우리는 한두 번 낙방, 실패, 거절당하면 포기해 버린다.

수많은 낙방과 실패, 거절에 무너지지 않는 비결은 바로 낙방과 실패, 거절을 대수롭지 않게 여기는 '긍정의 힘'이다.

'실패했다'가 아니라 '도전했다.'

'거절당했다'가 아니라 '시도했다.'

'때문에' 긍정공식을 외워라

'경영의 신' 마쓰시타 고노스케의 유명한 일화가 있다.

"회장님은 어떻게 하여 이처럼 큰 성공을 하셨습니까?"

누군가가 마쓰시타 고노스케 회장에게 물었다.

이에 대한 마쓰시타 회장은 다음과 같이 대답했다.

내가 성공할 수 있었던 것은 3가지 큰 행운이 있었기 때문입니다.

첫 번째는 집이 몹시 가난했던 것입니다. 그 때문에 나는 어릴 때부터 구두닦이, 신문팔이 같은 고생을 하였고 이를 통해 세상을 살아가는 데 필요한 경험을 얻을 수 있었습니다.

두 번째는 허약하게 태어난 것입니다. 그 때문에 항상 건강관리에 힘썼으므로 늙어서도 건강하게 지낼 수 있었습니다.

세 번째는 배우지 못한 것입니다. 초등학교 4학년을 중퇴했기 때문에 이 세상 모든 사람들을 스승으로 받들어 항상 배우는 노력을 할 수 있었습니다."

'때문에' 긍정공식 = 부정 → 때문에 → 긍정

'때문에' 부정공식 = 부정 → 때문에 → 부정

부정적인 사람은 '부정'으로 시작해서 '부정'으로 끝난다.

내가 성공할 수 없었던 것은 3가지 불운 때문이다.

첫 번째는 가난했기 때문에 하고 싶은 것도 제대로 못 해서 세상 살아가는 데 필요한 경험을 얻지 못했다.

두 번째는 몸이 약했기 때문에 할 수 있는 게 아무것도 없었다.

세 번째는 배우지 못했기 때문에 공부와 담을 쌓고 살아 성장하지 못했다.

'때문에'보다 업그레이드된 말은 '덕분에'다.

'때문에' 뒤에는 부정적인 말이 따라올 수 있지만 '덕분에' 뒤에는 긍정적인 말만 따라올 수 있다.

신호등 긍정 공식

'70이 되도록 결혼도 한번 못해봤네!'
이렇게 생각하면 인생 실패자다.
빨간불 사고를 가진 사람이 된다.

반면에
'나는 70이 될 때까지 결혼 안 하고 버텼다.'
이렇게 마음먹으면 인생 승리자다.
파란불 사고를 가진 사람이 된다.

인생의 파란불 스위치는 내가 켜는 것이다.
파란불을 켜기 위한 방법을 찾아야 한다.
새로운 정보가 들어오면 잘못된 부분을 찾기보다는 '파란불 사고'
로 배울 점을 찾아야 한다.

내가 대화하는 사람, 내가 읽고 있는 책, 내가 듣고 있는 강의, 이것에는 분명 뭔가 가치 있는 것이 들어 있다. 그것이 무엇일까?"

신호등 긍정 대화설득공식

1단계 파란불 사고 - 무조건 상대방 의견에 찬성하고 동의해준다.
2단계 노란불 사고 - 상대방 의견에 찬성하는 입장이 아니라면 다른 의견을 내놓다.
3단계 빨간불 사고 - 무조건 상대방 의견이 불가능한 이유를 말해준다.

주의) 절대로 빨간불이 먼저 켜지면 긍정공식이 만들어질 수 없음을 명심해야 한다.

파란불 사고 만들기

독서가 하고 싶은데 잘 안 되는 사람에게 필요한 파란불 사고
"나는 독서가 좋다. 나보다 독서를 좋아하는 사람은 없다!"

책을 쓰고 싶은데 잘 안 되는 사람에게 필요한 파란불 사고
"나는 글쓰기를 좋아한다. 나보다 글쓰기를 즐기는 사람은 없다."

운동을 해야 하는 것을 알면서도 못 하는 있는 사람에게 필요한 파란불 사고
"나는 운동이 좋다! 나보다 운동을 더 즐기는 사람은 없다."

불만으로 성공하기

한 남자의 이야기다.

고졸로 대기업에 입사했다.

대기업 전무까지 승진하는 신화를 만들어냈다.

재직 기간 아이디어 1만 9,000건을 제안해 훈장 2회, 대통령상 5회, 사장표창 52회, 사내 특진 7차례를 거듭하는 등 일명 '제안왕'으로 불리는 혁신의 대명사가 되었다.

그 성공신화의 주인공은 선진D&C의 윤생진이다.

회의나 회식자리에서 유난히 문제점이나 불만을 토해내는 사람들이 있다.

이런 사람에게 그는 이렇게 말한다.

"말로 하면 불만, 글로 쓰면 제안"

불만이 많은 사람들의 특징이 있다.

말은 많고 그것을 해결하기 위해 행동하지 않는다는 점이다.

회사에서 회의를 한다.

불만이 많은 사람은 의견을 내라고 하면 내지 않는다.

그런데 어떤 사람이 의견을 내면 반대의견은 잘 낸다.

반대의견을 낸 사람에게 해보라고 하면 못 한다고 발뺌한다.

불만을 가지면 불편해지고,

불만을 글로 기획하면 기회가 온다.

불만을 잡는 사람이 성공한다.

17장

단점을 장점으로 생각해라

[오체 불만족]의 저자 오토다케 히로타다는 태어나면서부터 팔다리가 없었다.

그가 초등학교 다닐 때 이야기다.

한 여자아이와 말다툼을 했다.

"난, 오토. 너에게 뭐든지 이길 자신이 있어."

여자애가 소리쳤다.

"그래, 하지만 죽었다 깨어나도 나를 이길 수 없는 것이 하나 있지."

오토가 화난 얼굴로 대답했다.

"그래? 그게 뭔데?"

여자애가 물었다.

"봐! 나한테는 팔다리가 없잖아. 이건 아무도 흉내 낼 수 없지."

오토가 대답했다.

호주에는 '닉 부이치치'가 있다.

그의 삶이 달라진 것은 어머니가 지체장애를 받아들인 남자에 관한 기사가 실린 신문을 보여주었을 때이다.

닉은 17살 때 기독교인 모임에서 자신의 이야기를 하기 시작했으며, 마침내 비영리단체인 Life Without Limbs(사지 없는 인생)을 시작하게 되었다.

팔다리가 없다는 것은 큰 단점이자 장애물이다.

그러나 오토다케 히로타다나 닉 부이치치는 이것을 아무도 흉내 낼 수 없는 자신만이 가지고 있는 장점이라고 생각했다.

단점은 감출수록 더욱 자신을 구속한다.

숨김없이 드러내고 자랑해 버리면 단점은 곧 장점이 된다.

대머리이든, 못난 외모이든, 소극적인 성격이든, 모든 단점은 자랑하는 순간부터 장점으로 바뀐다.

지금 당신은 뭐가 제일 단점인가?

그냥 인정해라.

그냥 받아들여라.

그리고 말해라.

"내 단점은 나만 가지고 있는 거야!"

그 순간 단점은 장점이 된다.

18장 긍정의 눈

미국 해병대 체스터 장군의 실화다.

"장군님, 우리는 적군에게 완전히 포위되었습니다."

전투 중 한 병사가 장군에게 급하게 보고했다.

그러자 장군은 이같이 여유 있게 말한다.

"맞다. 우리는 완전히 포위되었다. 덕분에 이제 우리는 모든 방향으로 공격할 수 있게 되었다."

긍정적인 사람은 결과를 바라보는 인식이 다르다.

에디슨은 전구를 발명하기 위해 2,000번의 실패를 했다고 기자가 기사를 냈다.

에디슨은 기사내용을 이렇게 바꿔달라고 말했다.

→ '에디슨 2,000번의 전구가 만들어질 수 없는 사례를 발견했다'

똑같은 컵을 바라보며 어떤 사람은 컵에 물이 "반밖에 남지 않았다."고 말한다.

→ 하지만 어떤 이는 물이 "반이나 남았다."고 말한다.

결핍은 나를 힘들게 하고 열등감을 만들어 주었다.

→ 결핍은 나를 간절하게 하고 그로 인해 나를 성공하게 만들어 주었다.

결핍을 성공으로 만든 사람들

알렉산더는 간질 환자.
헬렌 켈러는 3중 장애인.
나폴레옹의 키는 150cm.
축구선수 박지성과 마라토너 이봉주는 평발.
루스벨트 대통령은 소아마비.
링컨 대통령은 심각한 안면 비대칭에 눈은 사시.

19장

사람은 누구나 긍정적인 면이 있다

미국의 한 마을에 보잘것없고 지저분한 주인 없는 개가 있었다.

사람이 돌보지 않아 건강이 쇠약해질 대로 쇠약해진 개였다.

이를 안타깝게 생각하던 동네 주민들의 신고로 동물보호소로 가게 되었다.

버려진 개라도 품종이 좋고 젊고 깨끗한 개는 새로운 주민들이 데려간다.

그러나 이 개는 아무도 데려갈 생각을 하지 않았다.

그런데 이 개는 이상한 버릇이 하나 있었다.

하늘에 날아가는 새만 보면 시끄럽게 짖는 것이었다.

한마디로 골치 덩어리였다.

어느 날 동물보호소 직원이 신문을 보다가 비행장에 기러기 때문에 비행을 못 해 손해가 우리 돈으로 수십억이라는 기사를 보았다.

그래서 동물보호소 직원은 그 개를 비행장으로 데려갔다.

비행장의 관계자는 동물보호소 직원의 말만 듣고 밑져야 본전이라고 생각하고 받기로 했다.

　그런데 대단한 일이 일어났다.

　비행장에 나타난 기러기만 보면 그 개는 짖어 댔고 기러기들은 완전히 사라지게 되었다. 그리하여 비행장에서는 개를 보물처럼 다루었다.

　시끄럽게 짖어대는 목소리가 그 볼품없는 개를 최고의 개로 만들어 준 것이다.

　못생겼다고, 공부를 못 한다고, 돈이 없다고, 재주가 없다고 한탄할 필요가 없다.

　단점이 장점이 될 수 있다.

　나는 이름이 촌스럽다.

　나는 시골에서 유년시절을 보냈다.

　나는 고등학교 성적표에 '가'가 많다.

　나는 전기대를 낙방하고 후기대에 갔다.

　나는 지금까지 담배를 피우고 있다.

　나는 미간에 주름이 있다.

　나는 금이빨이 7개나 있다.

　나는 자기 할 말만 한다.

나는 욱하는 성격이 있다.

단점을 바꾸는 방법이 있다.

'인정'해라. 그리고 이용해라.

나의 단점을 감출 필요 없다.

있는 그대로 인정해라.

그리고 그 단점을 당신의 인생 스토리로 만들어라.

긍정적으로 사는 방법

법륜 스님은 [인생수업] 책에서 승리자가 되는 방법을 이렇게 말했다.

'나이 60세가 되도록 결혼도 한번 못했다.'

이렇게 생각하면 인생 낙오자가 되는 것이고, '나는 60세가 될 때까지 결혼 안 하고 버텼다.'

이러면 승리자가 되는 것이다.

공통점과 차이점

가장 많이 찾는 팀이 승리하는 게임이다.

팀을 나눈다.
각자 팀의 공통점을 많이 찾는다.
각자 팀의 차이점을 많이 찾는다.

공통점을 많이 찾는 팀도 있고, 차이점을 많이 찾는 팀도 있다.
공통점을 많이 찾은 팀에게 선물을 준다.
차이점도 많이 찾는 팀에게 선물을 준다.

서로의 공통점이 많으면 공감대가 많아 장점이 될 수 있다.

차이점이 많으면 의견차이가 많아 단점이 될 수 있지만, 다름이 돋보일 수 있다.

다름을 인정하면 그 다름이 세상의 승리자가 될 수 있다.

인생 '긍정' 마인드 솔루션

"긍정은 긍정을 만들고, 부정은 부정을 만든다."

긍정을 위해 꼭 실천하고 싶은 것을 쓰세요.

예) 감사일기를 쓰자.

인생 처방 3 /

계산하지 않고 그냥 하게 되는 약 - 도전

21장

한계는 남이 만드는 것이 아니라 내가 만드는 것이다

개구리 여러 마리가 시합을 했다.

가장 높은 산을 누가 먼저 올라가는지 시합이다.

생각보다 산이 너무 높았다.

도중에 포기하는 개구리들이 생겨났다.

모든 개구리들은 포기하고 산에서 내려오면서 투덜거리면서 불만을 애기했다.

"이 산은 원래 개구리가 올라갈 수 없는 말도 안 되는 높이야. 우리가 속은 거야.

그리고 괜한 힘만 빼고 도중에 지쳐 쓰러질 거야. 에너지 낭비하지 말고 우리 모두 내려가자. 그게 현명한 거야."

하지만 한 개구리만은 그 말에 신경 쓰지 않고 묵묵히 위로 올라갔다.

그 개구리는 결국 높은 산에 올라간 우승자가 되었다.

그리고 많은 개구리들은 신기하고 부러워하며 우승 비결이 궁금

했다.

그리고 곧 그 이유가 밝혀졌다.

그 개구리는 귀가 들리지 않았기 때문이었다.

사람들은 자기가 못 하는 것을 누군가 도전하면 못 할 거라 비난한다.

도전이나 어려운 일에는 반드시 한계를 긋는 사람들이 있다.

우리는 그 말을 듣고 한계를 정한다.

한계는 남이 만드는 것이 아니라 내가 만드는 것이다.

주위의 이야기 때문에 한계를 만들기보다는 내 자신의 마음을 믿고 도전해야 한다.

나의 꿈은 독서 만 권이다.

나의 꿈은 책 쓰기 백 권이다.

나의 꿈은 매일 천만 원을 받고 특강하는 것이다.

나의 사명은 내 책, 내 강의를 통해 전 세계인들의 자기관리, 자기경영, 자기계발을 도와주는 것이다.

나의 목표는 매일 독서하기, 매일 책 쓰기, 매일 블로그 쓰기, 매일 다이어리 쓰기, 매일 운동하기, 매일 아침 밥 차리고 설거지하기이다.

나의 꿈을 보고 들은 사람들은 깜짝 놀란다.

독서 만 권요? 너무 어렵지 않을 까요?

책 쓰기 백 권요? 지금 보니까 1년에 1권 정도 쓰셨던데 어렵지 않을까요?

매일 특강 천만 원요? 너무 높게 잡으신 거 아니에요?

어린아이들에게 꿈을 물어보면 '대통령'이라고 한다.

꿈은 꼭 이루어져야 하는 것은 아니다.

꿈은 그냥 크게 갖는 것이다.

가지고만 있어도 도움이 되는 게 꿈이다.

꿈은 크기가 중요한 것이 아니라

그 꿈을 위해 지금 뭘 하고 있느냐가 중요한 것이다.

꿈을 위해 도전해라.

도전의 한계는 남이 아니라 내가 정하는 것이다.

도전에 도전해라

한 남자가 말했다.

나는 아직도 그날 그 밤을 잊을 수 없다.

집으로 돌아가는 길, 적막한 거리, 불 꺼진 네온사인.

모두가 돌아갔지만 마지막까지 남아 공부에 매달렸던 그날의 기억.

날은 추웠지만 마음은 '나도 할 수 있다. 해냈다.'였다.

자신감으로 가득 차 들떠 있었던 그날 밤.

불가능해 보였던 '18시간 공부하기'에 성공한 후 많은 것이 달라졌다.

무엇보다 한두 시간 공부하는 것은 식은 죽 먹기처럼 느껴졌다.

그날 이후 나의 공부는 모든 것이 변하기 시작했다.

[미쳐야 공부다]의 저자이며 공부의 신으로 통하는 강성태 이야기다.

'18시간 공부'를 통해 자신의 한계를 넘고 성취감과 자신감을 느껴

보는 것이다.

이것이 '18시간 공부'의 진짜 핵심이다.

'18시간 몰입 공부'
새벽 6시부터 밤 12시까지 해볼 만하다.

돈도 안 들어간다.
마음만 먹으면 된다.
'도전'이라고 하면 거부감을 갖는 사람이 있다.
그냥 도전은 인생의 필수품이라고 생각해라.
'도전'은 인생 처방에 꼭 필요한 약이라고 생각해라.
진짜 인생을 만나고 싶다면 도전해라

불가능하다고 생각했던 한계를 극복하면 모든 것이 달라진다.
한계를 도전하고 그 도전을 성취하고 나면 사람은 변한다.
'고기도 먹어본 놈이 잘 먹는다.'라는 말이 있다.
도전도 해본 놈이 더 잘한다.
엄청난 도전에 도전해라.
작은 도전은 도전도 아닐 것이다.

꿈이 있는 도전은 지치지 않는다

스물여섯의 한 여자가 있었다.

결혼 후 다니던 회사를 그만두었다.

음대를 나왔다는 이유로 피아노 한 대로 동네 아이들을 가르쳤다.

새벽부터 밤까지 부지런히 일하는 것만큼은 자신 있었다.

그리고 몇 년 만에 200명이 넘는 학원을 만들었다.

하지만 갈수록 고민이 생겼다.

'이게 내 길이 맞나, 내 꿈은 무엇일까.'

꿈앓이를 했던 것이다.

그때 우연히 학원 성공사례를 발표하면서 그녀는 꿈의 단서를 발견했다.

스물아홉, 그녀는 기업 강사가 되기 위한 무모한 도전을 했다.

그러나 꿈과 한 남편의 아내, 아이의 엄마로 살아가는 것은 험난했다.

'음대 나온 여자가 무슨 강의를 해.'

주변 사람들은 그녀의 꿈을 믿어주지 않았다.

하지만 그녀 자신만은 믿었다.

13년 동안 강사료 3만 원 받던 무명강사가 MBC TV 특강 '파랑새', tvN '김미경쇼' 등 방송을 통해 국민강사가 되었다.

그녀는 바로 김미경 강사다.

50세가 넘은 지금도 지치지 않고 도전하는 것은 꿈이 있기 때문이라고 본인 스스로 말하고 있다.

스물여섯 살, 한 남자가 있었다.

대기업에 입사했는데 IMF 외환위기가 와서 회사가 부도가 났다.

어쩔 수 없이 새벽부터 밤 10시까지 알바를 했다.

결혼 후 열심히 직장생활을 했다.

쌍둥이를 낳았다.

분유값과 기저귀값으로 월급이 다 나갔다.

그러던 중 우연히 유아체육 자격증 과정을 듣던 중 꿈의 단서를 발견했다.

서울에서 다니던 회사를 그만두고 지방으로 내려갔다.

체대를 나왔다는 이유로 스포츠교실을 차려 아이들을 가르쳤다.

새벽부터 밤까지 '노력' 하나는 자신 있었다.

그리고 몇 년 만에 직원 10명, 회원 1,000명이 넘는 스포츠교실을 만들었다.

하지만 갈수록 고민이 생겼다.

직원들이 도망가는 일이 허다하고 사고는 계속되었다.

'이렇게 스트레스 받으면서 일을 해야 하나?'

흔히 말하는 과도기가 온 것이다.

그래서 자기계발을 시작했다.

'스피치, 리더십, 웃음치료, 조직 활성화, 독서, 강의 CD, 명강사 만나기'

마흔, 그 남자는 명강사, 스타 강사가 되기 위한 무모한 도전을 했다.

강의장 사무실도 오픈했다.

그러나 쉬운 일은 하나도 없었다.

'체대 나온 사람이 무슨 강의를 해, 너 하던 일 그만뒀니?'

주변 사람들은 그 남자의 도전을 무모하게 생각했다.

하지만 그 남자 자신만은 언젠가는 될 걸라는 확신이 있었다.

그리고 매일 본인의 꿈사명목표를 외치며 생활한다.

'나의 꿈은 독서 만 권, 책 쓰기 백 권, 매일 특강하고 천만 원 받는 것이다. 나의 사명은 내 책과 강의를 통해 전 세계인들을 도와주는 것이다. 나의 목표는 매일 독서, 책 쓰기, 다이어리 쓰기, 운동으로 미래를 준비한다.'

16년 동안 한 길을 걷고 있다.

그리고 무모한 도전과 꿈을 위해 달려가고 있다.

그는 바로 골 때리는 강사 진낙식이다.

도전에 나이는 상관하지 마라

사이클 선수가 있었다.

그 선수는 한 시간에 22.528㎞를 주파, 총 트랙 92바퀴를 돌고 세계 신기록을 세웠다.

그때 나이가 105세였다.

100세 생일 직후엔 100㎞를 자전거로 달렸다.

102세엔 한 시간에 27㎞를 질주했다.

그는 바로 1911년에 태어난 프랑스인 로베르 마샹이다.

한때 국가 체조 챔피언이자 복싱 선수, 소방관 및 트럭 운전사로 일했으며 본격적으로 자전거를 타기 시작한 건 67세부터다.

로베르 씨에게 장수비결에 대해 기자가 묻자 이렇게 대답했다.

"과일과 채소를 많이 먹고 고기와 커피는 조금만 섭취하며, 매일 1시간씩 자전거 연습을 했다. 그리고 밤 9시에 숙면을 취하고 오전 6시에 일어난다. 다른 비결은 없다"

군대에 가면 태권도 단증이 필요하다기에 사회에 있을 때 단증을 땄다.

군대에서 단증이 있어서 잘 활용했다.

그리고 25년 세월이 지나 단증을 제출해야 될 일이 또 생겼다.

하지만 너무 오랜 세월이 지나 단증이 어디에 있는지 찾을 수가 없었다.

그래서 협회 홈페이지에 내 이름을 치고 검색하면 등록이 되어 있을 거라고 지인들이 알려줘서 검색해 보았다.

이름이 나오지 않았다. 그때 당시 검정을 본 관장님이 등록을 하지 않았던 것이다.

그래서 난 다시 따기로 마음먹었다.

나이 46세, 1장부터 8장까지 외우고 운동하고 열심히 했다.

드디어 1단에 합격했다.

난 9단에 도전한다.

태권도는 단 체계가 있다.

2단을 따려면 1단을 따고 1년 후에 가능하다. 47세

3단을 따려면 2단을 따고 2년 후에 가능하다. 49세

4단을 따려면 3단을 따고 3년 후에 가능하다. 52세

이렇게 해서 9단을 따려면 1단부터 총 32년이 걸려 82세에 딸 수 있다.

도전에 나이는 상관하지 마라.

나이가 많아 못 하는 것이 아니라 겁이 많아 못 하는 것이다.

도전하는 사람이 청춘이다.

25장

실패엔 배움이 있지만 포기엔 아무것도 없다

실패엔 다음이 있다. 포기엔 다음이 없다.

-[한 글자].정철

딴 길로 새봐야 딴 세상을 만날 수 있다.

-[유영만의 생각읽기].유영만

모두가 원하지만, 아무도 하지 않은 일에 도전해라. 수십 번 넘어져도, 젊음을 무기삼아 도전해라.

-마크 저커버그

품위 있게 실패할 줄 아는 것은 매우 중요하다. '실패했다.'라는 것은 달리 말하면 '배웠다.'라는 뜻이다.

-구글 회장, 에릭 슈미트

머뭇거리지 마. 지금 시작해도 늦지 않아! 힘들어도 너만 지치지 않으면 돼!

– [일단 시작해] 개그맨 김영철

실패와 배움은 손잡고 같이 간다.

대학교 입학원서를 냈다.

떨어졌다.

합격자 명단에 내 이름이 없는 것을 보고 눈물이 났다.

부모님이 재수는 안 된다고 해서 멀리 춘천에 있는 대학교에 간신히 입학을 했다.

하지만 유학이라고 생각하고 열심히 했다.

그리고 지금은 잘 먹고 잘산다.

인생은 어떤 대학에 들어가는 게 중요한 게 아니라 어떤 마음으로 다니는 게 중요하다는 것을 배웠다.

대학을 졸업하고 대기업에 입사하기로 했다.

IMF가 와서 입사한 회사가 부도가 났다.

입사 취소가 되었다.

운명을 바꿀 수 없고 받아들여야 한다는 것을 배웠다.

IMF가 와서 정직원은 안 되고 계약직이라도 입사하라고 다른 회사 다니는 선배에게 제안이 왔다.

기분 좋게 승낙했다.

그런데 친구가 낙하산으로 내 자리에 왔다.

선배는 힘이 없다면서 미안하다고 했다.

입사에 실패한 것이다.

하지만 쉬지 않고, 새벽부터 밤까지 알바를 했다.

정직원보다 더 많이 벌었다.

알바를 하는 곳에서 성실하다며 직원으로 채용해 주었다.

낙심하지 않고 열심히 하면 하늘이 돕는다는 것을 배웠다.

새로운 도전은 새로운 삶이다

마흔두 살에 대기업을 나왔다.

직장생활이 재미가 없었다.

컨설턴트라는 새로운 일을 시작했다.

사람들이 모두 반대했다.

"공학박사가 무슨 컨설턴트야?"

"새로운 일하기에 너무 늦은 나이 아니야?"

그는 그를 믿고 책을 쓰고 강의를 했다.

기업의 사장을 컨설팅하고 기업체에서 꽤나 명성이 있는 유명강사로 성공했다.

이 남자는 바로 한근태 작가이자 강사다.

처음 전직할 때를 회상하면서 이런 말을 했다.

"만약 다른 사람 이야기를 듣고 예전 직장을 그만두지 못했으면 어땠을까? 새로운 도전을 미루었다면 지금 무엇을 하고 있을까?"

나는 독서 마라토너다.

독서하면 성공한다는 보장은 없다.

하지만 성공한 사람 중에 독서하지 않은 사람은 없다.

독서하면 삶이 확 바뀌지는 않는다.

하지만 어떻게 살아야 할지 알게 된다.

나는 독서 만 권에 도전한다.

아직 1,000권도 못 읽었다.

만 권을 생각만 해도 행복하다.

도전은 이런 거다.

나는 책을 쓰는 작가다.

하지만 어떤 출판사에서도 기획출판을 하자고 제안을 하지 않는다.

그래도 난 여러 권의 책을 냈다.

사람들이 알아주든 말든 100권 쓰기에 도전한다.

베스트셀러 작가, 진낙식

스테디셀러 작가, 진낙식

남들도 다 하는데 왜 나는 못 하는가?

'할 수 있다. 될 때까지 하자.'

나는 자기관리 다이어리 발명특허를 가지고 있다.

에디슨은 발명왕으로 세계적인 사람이 되었다.

내 특허는 세계적인 특허도 아니고 돈도 안 되는 발명이다.

하지만 손해는 안 봤으니 성공이라고 합리화한다.

자기관리 다이어리로 전 세계인들에게 도움을 주고 싶다.

안 된다고 포기하면 영원히 실패다.

될 때까지 도전한다.

새로운 도전으로 성공하는 사람도 있다.

새로운 도전으로 새로운 경험만 하는 사람도 있다.

새로운 도전으로 새로운 실패를 맛보는 사람도 있다.

새로운 도전이 없으면 새로운 것은 아무것도 없다.

새로움을 두려워하지 마라. 안 되면 또 새로운 것을 하면 된다.

새로움을 무서워하면 새로움에게 먹힌다.

오늘은 얼마나 실패했는가

한 여자 아이가 있었다.

아버지는 저녁을 먹을 때마다 질문을 했다

"오늘은 뭘 실패했니?"

실패한 것이 없다고 하면 아빠는 실망했다.

그 아이는 실패하기 위해 도전했다.

그녀는 커가면서 스포츠, 노래에 도전했다.

로스쿨 입학시험에서 두 차례 도전했다가 낙방했다.

디즈니랜드 놀이기구 안내원, 인형 탈 알바도 했다.

팩스 판매원으로 일할 땐 문전박대는 기본이었다.

하지만 그녀는 실패에 무릎 꿇지 않았다.

그녀는 자신의 전 재산인 5,000달러를 투자해 속옷 보정 회사를 만든다.

현재 그녀의 개인 자산은 10억 달러(약 1조 1,200억 원)가 넘는다.

보정속옷 전문업체인 스팽스의 창립자인 세라 블레이클리의 이야기다.

실패의 사전적 정의는 '일을 잘못하여 뜻한 대로 되지 아니하거나 그르침'이라 나온다.

우리는 가능한 실패를 경험하지 않으려 애쓴다.

스팽스의 창립자인 세라 블레이클리는 실패를 '결과가 아닌 도전의 증거'라고 재정의 한다.

실패는 실패가 아니다.

실패는 도전했다는 말이다.

할 때마다 성공할 순 없다.

실패를 두려워하지 마라.

대신 실패를 관리해라.

세라 블레이클리는 실패의 위험을 관리하기 위해 팩스 기계 파는 일을 2년 동안 유지하면서 퇴근 후, 주말에 스타킹 시제품을 만들었다.

변호사를 고용하지 않고 직접 특허출원을 해 비용을 절감했다.

막무가내 도전이 아닌 준비하는 도전이다.

많이 실패했다는 말은 많이 도전했다는 말이고

많이 도전했다는 말은 많이 준비했다는 말이다.

28장

새로운 것이 새로운 것을 만든다

서태지와 아이들의 양현석이 만든 회사 YG엔터테인먼트는 벌써 20주년이 넘었다.

시가 총액 5,478억 원, 코스닥 시총순위 57위(2016년)다.

한 기자가 묻는다.

"회사의 성장 비결이 무엇인가요?"

그의 대답은 명쾌하다.

업그레이드다.

변화하지 않으면 지루하고 재미없다.

그게 내 성격이다.

핑클, SES가 인기 얻던 때에 보컬 중심의 빅마마를 데뷔시켰다.

빅뱅도 데뷔 초반에는 욕을 많이 먹었다.

'저런 애들을 아이돌 그룹이라고 이야기하다니 양 사장 눈이 어떻게 된 거 아니야'

'새로움'이 YG의 경쟁력이다.

새로운 음식을 찾아 먹는 것이 즐겁다.
새로운 사람을 만나는 것이 즐겁다.
새로운 곳에 가는 것이 즐겁다.
새로운 프로젝트를 하는 것이 즐겁다.
새로운 것을 배우는 것이 즐겁다.

이 모든 것이 내 성격이다.
주위사람들은 그만하라고 말한다.
새로운 시도를 하면 반응이 없다.
그래도 새로운 시도를 한다.
새로운 것이 새로운 것을 만든다.

실패 파티를 해라

게임을 좋아하는 사람이라면 '앵그리 버드 게임'을 알 것이다.
그 게임을 개발한 수퍼셀 회사의 이야기다.
이 회사는 게임 개발을 장려하기 위해 파티를 해주는 것으로 유명하다.
게임 개발에 실패한 팀은 샴페인 파티를, 성공한 팀에는 맥주 파티를 열어준다.
실패한 팀에게 더 멋진 파티를 열어준다.
그 이유가 무엇이냐고 기자가 묻는다.

"실패한 팀에게 더 성대한 파티를 해주는 이유는 더 실패하라고, 실패를 두려워하지 말라고, 실패를 일상으로 생각하라고 해주는 것입니다. 실패 속에서 좋은 게임이 나올 수 있기 때문입니다. 계속 아이디어를 내고 도전하라고 실패 파티를 열어줍니다."

실패는 실패가 아니다.

실패에서 배우지 못하는 것이 진짜 실패다.

실패 파티를 해주는 이유는 실패를 두려워하지 말고 다음에도 또 도전하라고 해주는 것이다.

슈퍼셀 대표 일카 파나넨의 철학이 있다.

'돈을 좇아서 게임을 만드는 것이 아니라 게임을 위한 게임을 만드는 것이다.'

신규 게임을 만들다 실패하면 손해가 막심하다. 하지만 실패과정만큼은 이익을 본 것이다.

슈퍼셀은 성공한 게임보다 실패한 게임이 더 많다.

실패는 일상이다.

실패 파티는 실패한 원인을 축하해주고, 앞으로 어떤 방향으로 나갈지 이야기하는 자리이다.

실패를 즐겨라.

실패를 기뻐해라.

실패하면 위로 하지 말고 큰 박수와 함께 파티를 해줘라.

죽을힘을 다해라

1597년 거제도 앞바다인 칠천량에서 벌어진 일이다.

일본 수군의 기습으로 조선 수군은 거의 전멸했다.

다급해진 선조는 이순신을 다시 삼도 수군통제사로 임명하였다.

이순신은 적의 추격을 피하면서 수군을 다시 조직했다.

하지만 칠천량 해전 이후 판옥선(널빤지로 지붕을 덮은 전투선)은 고작 12척이었다.

수백 척이 넘는 일본 수군의 진격을 저지하는 것이 불가능하다고 판단하였다.

선조는 이순신에게 수군을 폐지하고 육군에 합류하라고 명했다.

그러자 이순신은 이렇게 말했다.

"지금 신에게는 아직도 12척의 전선이 있으므로 죽을힘을 다해 싸우면 적 수군의 진격을 막을 수 있습니다."

이순신이 보여 준 것은 불굴의 도전 정신이며 지금 나에게 절실하게 필요한 마인드다.

당신은 필요하지 않은가?

인공지능시대, 4차 산업혁명시대, 무에서 유를 창조하지 못하면 죽는다.

기존에 없던 상품이나 시장을 새로 만들어야 살아남을 수 있다.

돈도 없고, 빽도 없고, 능력도 없다.

그래도 죽을힘을 다할 '도전 마인드'는 있을 거 아닌가?

안 된다고 생각하는 사람들 앞에서 당당하게 말해라.

"지금 나에겐 '도전 마인드'가 있으므로 죽을힘을 다해 싸우면 내가 원하는 것을 얻을 수 있다."

인생 '도전' 마인드 솔루션

"안 되는 것이 실패가 아니라, 안 하는 것이 실패다."

도전을 위해 꼭 실천하고 싶은 것을 쓰세요.
예) 독서 만 권, 책 쓰기 백 권, 태권도 9단

그냥 내버려두면 암이 되는 염증-고정관념

편견과 선입견(고정관념)→염증→암이 된다

우리의 마음속에 살고 있는 두 마리의 개는?

'편犬과 선입犬'

이 두 가지를 합쳐서 우리는 "고정관념'이라고 한다.

고정관념(염)은 염증이다.

염증이 오래가면 면역력이 떨어지고 결국엔 암이 된다.

그래서 우리는 죽게 된다.

바로 편견과 선입견 때문에.

1. 편견이란 편향된 견해.

2. 선입견이란 대상 인식에서 그릇된 인식과 타당성이 결여 평가, 판단 등의 원인이 되는 지식이나 이해의 틀.

3. 고정관념이란 잘 변하지 아니하는, 행동을 주로 결정하는 확고한

의식이나 관념.

이 두 마리 개와 염증을 잡을 수 있는 개는?

'백문이 불여일犬'

백 번 듣는 것보다 한 번 보는 것이 낫다

직접 보지 않고 들은 얘기로 상대를 판단하면 큰 실수를 범하게 된다.

그렇다면 편견과 선입견은 깰 수 있을까?

'마음먹기 나름이다.'

편견과 선입견을 깨는 방법은?

'아는 것이 힘이다.'로 유명한 철학자 베이컨은 '경험에 의해 편견이 생긴다면 경험을 통해서 자신의 동굴에서 벗어나야 한다.'고 말했다.

한 번 경험한 것에 머물지 말고, 새로운 경험을 통해 이전 경험을 꾸준히 수정해야 한다는 뜻이다.

32장

'나'라는 테두리

한 남자가 있었다.

그의 꿈은 크루즈 세계여행을 혼자 하는 것이었다.

먹고 싶은 것도 못 먹고, 사고 싶은 것도 못 사고 돈을 모았다.

세월이 지나 노인이 된 남자는 드디어 크루즈 여행에 올랐다.

평생을 기다려 온 감동적인 순간이었다.

그 안의 호화로운 만찬과 어마어마한 시설에 눈물을 흘렸다.

그러나 평생을 모아 놓은 돈을 크루즈 티켓값으로 사용하여 추가 지출이 어려운 상황이었다.

그래서 물만 마시며 3일간을 구경만 하고 지냈다.

배가 고파 죽을 것 같아 가장 싸 보이는 음식을 주문하고 종업원에게 가격을 물어 보았다.

그런데 종업원의 말을 듣고 깜짝 놀라 쓰러지고 말았다.

너무 비싸서였을까? 종업원이 그 손님에게 말했다.

"손님, 이곳에서 즐길 수 있는 모든 음식과 시설은 티켓값에 포함되어 있습니다."

내가 아는 것이 전부일까?

우리는 우리 안에 갇혀 산다.

상대방도 우리 안에 들어오길 바란다.

우리를 살리려면 우리를 벗어나야 한다.

나만의 우리(고정관념)

아침은 꼭 먹어야 한다.
학생은 선생님의 말을 잘 들어야 한다.
남자와 여자는 꼭 결혼을 해야 한다.
새벽형 인간이 성공한다.
노력! 이기는 것보다 중요한 것이다.
평생 일해야 한다.
남자는 돈을 벌고, 여자는 집안일을 해야 한다.
양식보다는 한식이 더 좋다.

생각을 바꿔라. 세상이 바뀐다.
바꾸면 바뀐다.
모든 것에 제한을 두는 것은 자기 자신이라는 것을 명심해라.
'나'라는 테두리는 '나'만이 벗어날 수 있다.

33정

내 안에 네모난 바퀴

자동차가 없던 시절 이야기다.

한 남자가 네모난 바퀴가 달린 손수레를 끌고 가고 있었다.

손수레가 이상하게 잘 안 나갔다.

'나 혼자 끌어서 그런가?'

주위 사람들에게 밀어 달라고 해도 소용없다.

잘 안 나가는 원인을 상대방에게서 찾는다.

나는 최선을 다하는데 옆 사람은 살살 미는 것 같아 화를 낸다.

서로 짜증내고 스트레스를 받는다.

원인이 무엇일까?

이를 지켜보던 한 아이가 이런 말을 한다.

"아저씨, 수레 안에 동그란 바퀴가 있네요. 그걸로 바꾸면 안 될까요?"

사람들은 어린아이가 하는 말을 우습게 생각했다.

그리고 계속해서 최선을 다해 밀고 있었다.

내가 끄는 수레는 무슨 모양의 바퀴인가?

안 나가는 원인을 괜히 옆 사람 탓만 하고 있지는 않은가?

누군가 좋은 아이디어를 내면 무시는 하지 않는가?

수레가 잘 나가게 하는 답은 수레 안에 있다.

그냥 열심히 밀기보다는 내 안을 들여다보며 열심히 해야 한다.

모든 원인은 내 안에 있다.

모든 것을 시작하기 전에 내 안에 무엇이 있는지 알아야 한다.

가족도 회사도 조직도 마찬가지다.

문제점을 외부에서 찾지 말고, 안에서 찾으면 된다.

일이 잘 안 되면 '네모난 바퀴'를 생각해라.

1+1=?

1+1=2(평범하게 사는 사람)

1+1=귀요미(재미있게 사는 사람)

이제 당신의 생각을 말해보세요?

1+1=1 이유는?

1+1=3 이유는?

1+1=4 이유는?

1+1=중노동, 과로(대박 나는 식당의 종업원)

1+1=돈 (대박 나는 식당 주인)

1+1=1 이유는? 물방울이다.(물방울은 합쳐도 하나다.)

1+1=3 이유는? 남녀가 만나서 아이를 낳으면 셋이 된다.

1+1=4 이유는? 남녀가 만나서 쌍둥이를 낳으면 넷이 된다.

1+1=?

마지막 물음표를 채운 당신은 대단한 사람이다.

누구는 평범하게 생각하고
누구는 귀엽다고 생각하고
누구는 중노동이라 생각하고
누구는 돈이라고 생각하고
누구는 물방울이라 생각하고
누구는 남편과 부인, 자식을 생각하고
누구는 쌍둥이까지 생각한다.

생각을 바꿔라.
생각을 더 해라.
생각은 하면 할수록 생각나게 된다.

생각을 깨우는 문제

스승과 제자가 있었다.

하루는 제자가 스승에게 생각을 깨우는 방법을 알려 달라고 했다.

스승은 제자에게 2개의 문제를 주었다.

문제 1

손가락 한 개를 얼굴 앞에 놓고 쳐다본다.

머리와 손가락을 움직이지 않고 쳐다보고 있는 손가락을 움직여라.

정답은?

문제 2

종이 위에 선을 하나 긋는다.

그 선을 건드리지 않고 선을 짧게 만들어라.

정답은?

쳐다보고 있는 손가락은 그대로 놓고, 자기의 눈을 한쪽씩, 왼쪽 오른쪽 번갈아 감으면 손가락이 움직인다.

그은 선 옆에 그 선보다 긴 선을 그린다.
그럼 기존 선은 짧은 선이 된다.

정답이 더 있을 수 있다.
다른 답을 생각한 사람은 생각이 깨인 사람이다.
생각은 생각하기 나름이다.
생각을 버려야 생각을 얻을 수 있다.

고정관념은 깨라고 있는 것이다

아메리카 대륙을 발견한 사람은 누구인가?

콜럼버스다.

그가 아메리카 대륙에 도착하기 전까지만 해도, 지브롤터 해협의 암벽에는 이런 글귀가 쓰여 있었다.

"더 이상 넘어가지 마시오."

그 시대에 모든 사람은 더 이상 가면 배가 지구 밖으로 굴러 떨어질 것이라는 고정관념을 가지고 있었다.

콜럼버스는 멈추지 않고 항해를 했다.

결국 아메리카 대륙을 발견하게 되었다.

그가 돌아오자 환영 잔치가 열렸다.

대단하다고 생각하는 사람도 있었지만 그를 시기하는 사람들은 이렇게 수군거렸다.

"별거 아닌 것 가지고 난리야! 누구나 끝까지 가면 신대륙을 발견할 수 있다고!"

그 말을 들은 콜럼버스는 식사를 하다가 달걀을 보여주며 이런 제안을 했다.

"이 달걀을 세울 수 있는 사람에게 상금을 주겠소."

아무도 나서지 못했다.

그러자 콜럼버스는 달걀을 끝을 살짝 깨뜨린 다음 세웠다.

그걸 본 사람들이 또 비아냥거리자 이렇게 말했다.

"남이 해 놓고 나면 다 쉬워 보이는 법이지요."

질문하라고 하면 더 안 한다.

질문하지 말라고 해도 더 안 한다.

고정관념은 깨라고 있는 것이다.

어떻게 하면 질문을 잘하는 사람이 될 수 있을까?

'손을 들고 하면 된다.'

'고정관념을 깨기란 쉽지 않다.'라는 고정관념을 깨야 한다.

책에 대한 고정관념은 무엇일까.

책은 꼭 끝까지 읽어야 한다.

책을 읽고 느낀 점을 말할 수 있어야 한다.

책은 제대로 읽어야 한다.

책을 읽으면 좋다.

좋은 책도 있고, 나쁜 책도 있다.

당신의 책에 대한 고정관념은?

어떻게 하면 고정관념을 깰 수 있을까?

그냥 깨면 된다.

37장

고정관념의 저주

1990년에 엘리자베스 뉴턴이 실험을 했다.

A 그룹에게 사람들이 정말 잘 아는 노래 120곡을 선정해서 B 그룹에게 연주를 해서 맞추는 실험을 했다.

연주하는 방법은 책상을 손으로 두드린다. 목소리로 음을 내면 안되는 규칙이 있다.

그런 다음 A 그룹에게 B 그룹이 얼마나 맞힐지 물었다.

50% 이상 맞혔을 것이라 대답했다.

하지만 결과는 B 그룹의 성적은 2.5%에 밖에 되지 않았다.

60곡 이상 맞힐 것이라는 기대했지만 고작 3곡만 맞힌 것이다.

자기가 노래를 안다고 해서 상대방도 알 거라는 법은 없는데,

A 그룹은 고정관념의 저주에 빠져서 현실을 직시하지 못했다.

이 내용은 스탠퍼드 대학의 경제학교수 칩 히스와 댄 히스의 저서 [스틱]에 나온 이야기다.

자기가 노래를 안다고 해서 상대방도 알 거라는 법은 없다.

A 그룹은 고정관념의 저주에 빠졌다.

강의 시간에 실험을 해보았다.

동요, 가요, 트로트 각각 두 곡씩 선정해서 책상을 두드려 제목을 맞추는 게임을 해보았다.

강사가 책상을 두드리고 청중은 노래 제목을 맞춘다.

몇 곡을 맞출 수 있느냐고 물어보았다.

"글쎄요! 몇 곡은 맞출 수 있을 것 같은데요."

동요 중에 1곡 정도는 맞힌다.

이번엔 청중을 A 팀, B 팀으로 나누어 해보았다.

A 팀이 먼저 책상을 두드리고 B 팀이 문제를 맞힌다.

A 팀에게 B 팀이 몇 문제 맞힐지 묻는다.

'설마 한 문제도 못 맞추겠어요?'

한 문제도 못 맞춘다.

내가 알면 상대방도 알 거라는 생각은 버려라.

내가 모른다고 상대방도 모른다는 생각도 잊어라.

알 수도 있고 모를 수도 있다.

모른다고 틀린 것도 아니고, 안다고 다 맞는 것도 아니다.

그냥 우리는 다를 뿐이다.

다름을 인정해야 고정관념의 저주에서 나올 수 있지 않겠는가?

38정

제 맘 알죠

어느 날 중학생 아들과 교회를 갔다.

오래간만에 간 예배라 아들에게 부탁을 했다.

"오늘은 진심을 다해 기도 한번 해보자."

아들이 기분 좋게 대답한다.

"네."

아들과 나는 눈을 감고 기도하기 시작했다.

혹시나 하는 마음에 아들을 살짝 보았다.

아들은 벌써 기도가 끝나고 눈을 뜨고 스마트폰을 쳐다보고 있다.

아들에게 귓속말로 물었다.

"벌써 기도를 끝낸 거니?"

"네."

"어떻게 기도했기에 이렇게 빨리 끝났어?"

아들이 대답했다.

"하나님, 제 맘 알죠?"

우리는 소통에서도 고정관념에 빠진다.

상대방이 내 마음을 알 거라고 생각한다.

그건 오산이다.

말하지 않으면 모른다.

좋으면 좋다, 싫으면 싫다, 알면 안다, 모르면 모른다고 분명하게 말해야 한다.

소통은 서로를 잘 모른다는 사실을 알면서 시작한다.

소통은 서로를 인정하고 공감하고 표현하면서 끝난다.

난 당신을 위해 최선을 다했어

이솝 우화에 나오는 소와 사자의 사랑 이야기다.

소와 사자가 사랑에 빠졌다.

부모님의 반대에도 둘은 죽도록 사랑해서 결혼을 했다.

아내인 소는, 사자를 위해 날마다 정성을 다해 풀로 음식을 준비했다.

남편인 사자는, 소를 위해 날마다 정성을 다해 고기 중에 제일 비싼 소고기를 준비했다.

사자는 풀을 못 먹지만 소의 정성을 생각해서 참고 먹었다.

소는 고기를 못 먹지만 사자의 정성을 생각해서 참고 먹었다.

결국! 이 둘은 참을성의 한계에 부딪쳐 이혼하고 말았다.

법정을 나오면서 서로에게 말한다.

"난 당신을 위해 최선을 다했어."

부인이 설거지를 해달라고 부탁한다.

"설거지 말고 아침밥 차리는 건 내가 할게."라고 남편이 말한다.

부인은 불평한다.

"매일 부탁하는 건 안 들어주고 자기가 하고 싶은 것만 해?"

휴일 날 외식을 한다.

남편이 무엇을 먹고 싶으냐고 부인에게 묻는다.

피자를 먹고 싶다고 말한다.

"피자는 몸에 안 좋으니 된장찌개 먹으로 가자."라고 남편이 말한다.

부인이 말한다.

"당신 맘대로 할 거면서 뭐 하러 물어보는지 모르겠네!"

모두 아내가 말하는 내 모습이다.

'내가 좋아하면 상대도 좋아할 거야!'

'나는 최선을 다했는데 내 맘을 왜 몰라주지?'

상대가 원하는 것을 해줘야 상대의 마음에 최선을 다한 것이다.

상대가 원하지 않는 것을 안 해야 상대에게 최선을 다한 것이다.

마음 맞추기

회사에서 일을 열심히 했다고 회식을 시켜준다.

대신 옆 사람하고 마음이 맞아야 먹고 싶은 것을 먹을 수 있고, 가고 싶은 곳에 갈 수 있다.

장소는 중화요리 집이다.

메뉴를 선택해야 한다.(자장 / 짬뽕)

다음은 술을 주문해야 한다.(소주 / 맥주)

안주도 주문해야죠.(깐풍기 / 유산슬)

2차는 뭘 먹을까요?(소주 / 맥주)

오래간만에 3차 가야죠?(노래방 / 클럽)

몇 개나 마음이 맞았는가?

모두 맞춘 팀은 축하한다.

많이 못 맞춘 팀에게 물어본다.

"내가 먹고 싶은 것, 가고 싶은 것을 선택했나요? 아니면 상대방이 먹고 싶은 것, 가고 싶은 곳을 선택했나요?"

거의 모든 사람이 이렇게 말한다.

"내 생각을 선택했습니다."

내 생각만 해서는 상대방의 마음으로 들어갈 수가 없다.

우리는 상대방이 내 마음을 알아주길 바란다.

상대방과 마음을 맞추려면 내 마음이 먼저가 아니라 상대방 마음이 먼저다.

인생 '고정관념' 마인드 솔루션

"고정관념을 버리는 순간 당신의 인생은 달라진다."

고정관념을 없애기 위해 꼭 실천하고 싶은 것을 쓰세요.
예) 나의 꿈 상상하기(나는 삼성 모든 계열사 직원들을 대상으로 강의를 한다.)

느리지만 결국엔 이기는 거북이처럼 되는 약 - 노력

죽을힘을 다해

조정래 작가는 대하소설을 쓰기 위해 20여 년간 세상과 단절했다.

매일 아침 서재로 출근해 새벽까지 죽기를 각오하고 글을 썼다.

오른 팔이 마비되고 온갖 병들이 그를 괴롭혔다.

하지만 그는 [태백산맥], [아리랑], [한강] 등 수십여 편을 썼다.

이 시대의 대작가도 매일 죽기를 각오하며 글을 쓴다.

죽을힘을 다해 써야 위대한 작품을 쓸 수 있다.

죽을힘을 다해 달려야 금메달도 딸 수 있다.

죽을힘을 다해야 꿈을 이룰 수 있다.

죽을힘을 다해본 적 있는가.

죽을힘을 다할 것은 있는가.

새해가 되면 '희망의 사자성어'를 선정한다.

새해에 대한 기대감이 반영되어 긍정적인 의미의 사자성어가 주로 선정된다.

우리 가족을 위해 새해 슬로건을 정했다.

"죽을힘을 다해."

아이들이 고등학교 3학년이 되었다.

1년만 고생해 보자고 선정했다.

집사람이 심리학 박사 공부를 시작했다.

힘내라고 선정했다.

나는 독서와 책 쓰기에 매진하기 위해 선정했다.

새해는 '죽을힘을 다해' 보자.

김보성에겐 '의리' 나에겐 '노력'

절대 느린 것을 염려하지 마라. 멈추는 것을 염려해라.

– 김승호 '알면서 알지 못하는 것들'

남보다 잘하려고 노력하기보다는 전보다 잘하려고 노력해라.
남과 비교하면 불행해지고 전과 비교하면 행복해질 수 있다.

– 유영만 '유영만의 생각읽기'

성공하는 사람은 성공할 때까지 계속하는 사람이다.

– 마쓰시타 고노스케

뜨거운 열정보다 중요한 것은 지속적인 열정이다.

– 마커 저커버그

일본전산의 모토

1. 즉시 한다.(Do it now)

2. 반드시 한다.(Do it with fail)

3. 될 때까지 한다.(Do it until completed)

2002년도에 다니던 직장을 그만두고 사업을 시작했다.

회사의 인사법을 만들었다.

"노력."

누구나 다 아는 말이지만 내가 지금까지 잘할 수 있었던 것은 '노력'이란 철학 때문이었다고 생각한다.

'노력맨' 캐릭터도 만들고 특허청에 등록했다.

집에서도 아빠가 매일 '노력'을 외치니 아이들도 자연스럽게 우리 집 가훈이 '노력'이라고 말한다.

어느 날 갑자기 사람들 사이에서 '으리 으리'가 유행했다.

배우 김보성은 '의리'를 30년 외쳤다고 한다.

아내에게 프러포즈할 때도 '의리'를 물어봤다고 한다.

"나랑 결혼해주세요. 대신 의리 있는 여자랑 결혼하고 싶어요."

김보성의 '의리'를 외치고, 진낙식의 '노력'을 외친다.

당신은 무엇을 외칠 수 있는가?

백 번만 해보고 와

한 여자가 있었다.

미국인 어머니와 한국인 아버지 사이에서 태어났다.

어린 시절 동네 아이들에게 '노랑머리, 너희 나라로 돌아가'라고 놀림을 받았다.

28세에 [명성황후] 음악감독으로 데뷔, [사운드 오브 뮤직], [페임], [시카고], [미녀와 야수] 등 뮤지컬 음악을 담당하며 살고 있다.

방송 [남자의 자격]에 출연하면서 유명세를 타기 시작했다.

그녀는 바로 '박칼린'이다.

제자들이 슬럼프에 빠져 고민을 털어놓는다.

"이 부분이 정말 안 돼요. 저는 음악에 소질이 없나 봐요?"

포기하는 제자에게 박칼린 감독이 이런 말을 해준다.

"얼마나 연습했니? 매일 했니? 어떻게 연습했니? 진지하게 연습했니?"

"백 번만 더 해보고 다시 와!"

백 번만 해보자.

세상에 안 되는 건 없다.

노래를 잘하고 싶은가? 한 노래를 백 번만 불러봐라.

남들 앞에서 강의를 잘하고 싶은가? ppt를 만들어서 백 번만 연습해라.

글쓰기를 잘하고 싶은가? 읽은 책, 백 권만 필사해라.

낭송할 시가 잘 외워지지 않는가? 백 번만 읽고 또 읽어라.

영업의 달인이 되고 싶은가? 하루에 백 명에게 전화해서 안부를 물어라.

이렇게 했는데도 안 된다면 나한테 와라.

또 다른 비법을 말해주겠다.

"백 번 더 해!!"

연습의 힘

"잠자는 시간을 빼놓고는 연습만 했습니다."
지독한 연습벌레 김연아가 한말이다.

"하루 8시간씩 4,000번 이상 공을 쳤습니다."
피나는 연습 끝에 세계무대에 우뚝 선 프로골퍼 최경주가 한말이다.

"더 못 한다고, 이 정도면 됐다고 생각할 때 그 사람의 예술 인생은
거기서 끝나는 것이다."
마흔 나이에도 발레슈즈를 수십 켤레씩 버릴 만큼 연습으로 강철
나비가 된 발레리나 강수진이 한말이다.

연습은 두 종류가 있다.
매일 그냥 하는 연습이 있고, 미래를 위한 연습이 있다.
당신은 지금 어떤 연습을 많이 하고 있는가?

매일 그냥 하는 연습

일어나는 연습
밥 먹는 연습
샤워하는 연습
일하는 연습
술 먹는 연습
짜증내는 연습

미래를 위한 연습

일어나자마자 웃는 연습
밥 차리기 도와주는 연습
일을 내 것으로 만드는 연습
운동하는 연습
독서하는 연습
칭찬하는 연습
감사하는 연습

연습엔 힘이 있다.
최고를 만든다.

연습엔 조건이 있다.
매일 매일 지속적으로 해야 한다.

연습엔 방법이 있다.
그냥 매일 매일 하면 된다.

단, 미래를 위한 연습이 더 힘이 세다는 것을 알아야 한다.

천재가 되는 비법

안데르스 에릭슨은 천재들을 연구했다.

그리고 다섯 살 전후에 바이올린을 배우기 시작한 아이들이 스무살이 되었을 때 세 그룹으로 나뉜다는 결론을 내렸다.

천재 연주자들은 1만 시간 이상의 연습을 한 아이들이었다.
(하루 3시간×30일×12개월×15년=16,200시간)

그냥 능숙한 연주자가 된 아이들은 8천 시간.
(하루 1시간 48분×30일×12개월×15년=8,000시간)

아마추어 연주자들은 2천 시간 정도 연습한 것으로 나타났다.
(하루 37분×30일×12개월×15년=2,000시간)

에릭슨의 연구는 꾸준한 노력 없이(하루 3시간 이상) 천재 연주자가 될 수 없다는 사실을 분명히 말해준다.

천재는 남보다 타고난 사람이 아니라, 남보다 더 노력할 수 있는 능력을 지닌 사람이다.

당신도 나도 천재가 될 수 있다.
단지 천재가 될 마음이 없기 때문이다.

당신은 하루에 3시간씩 매일 하는 것이 무엇이 있는가?

잠자기 → 잠자기 천재

TV 보기 → TV 평론가

게임 하기 → 프로 게이머

일하기 → 억대 연봉가

뭘 하든 하루 3시간씩 10년만 하면 천재가 될 수 있다.
그렇게 안 되었다면 노력하는 방법에 문제가 있지 않을까.

천재는 타고 나는 것이 아니라 노력으로 만들어진다.

46장

만의 법칙

11세기 중국 송나라에 대표 화가 곽희(郭熙)가 있었다.

그는 하늘이 내린 천재라는 말을 들었다.

곽희의 저서인 [임천고치(林泉高致)]에 다음 글이 나온다.

한 사람이 묻는다.

"선생님 같은 화가는 하늘의 기를 타고난 것입니까?"

곽희가 대답한다.

"나의 재능은 노력에 의한 것이었고, 하늘의 기를 타고난 천재를 본 적은 없다."

다시 묻는다.

"그럼, 어떻게 하면 선생님 같은 천재화가가 될 수 있습니까?"

곽희는 네 가지 답을 주었다.

첫째, 1만 장의 그림을 보아라.

둘째, 1만 리를 여행해 보아라.

셋째, 1만 권의 책을 읽어 보아라.

넷째, 1만 장을 직접 그려 보아라.

인생 기본기 100의 법칙

첫째, 성공한 사람 100명을 만나 비법을 알아내라.
둘째, 100곳을 여행하면서 몸과 마음을 단련해라.
셋째, 100권의 책을 1~2년 안에 읽고 마인드업해라.
넷째, 하고 싶은 일 100가지에 도전해서 자기 일을 찾아내라.
다섯째, 가슴을 울린 강의 100개를 듣고 내가 할 이야기를 찾아라.

47장

마트 계산대에서 배운 인생

[더딥]의 저자 세스고딘은 수년간 마트 계산대를 관찰했다.

그리고 세 가지 체크아웃 전략으로 결론을 내렸다.

첫 번째, 제일 짧은 줄에 선다. 어떠한 일이 일어나도 끝까지 그 줄을 고수하는 전략.

두 번째, 제일 짧은 줄에 선다. 하지만 줄이 줄어들지 않고 지연될 경우, 한 차례 줄을 바꾸는 전략, 진짜 한 번 변경 전략.

세 번째, 일단 제일 짧은 줄에 선다. 그리고 계속 줄을 옮기는 전략.

당신은 어떤 전략으로 살아가고 있는가?

세스고딘은 줄을 옮기는 전략이 제일 늦는다고 말한다.

줄을 바꾸는 순간 내가 빨리 가는 것 같지만 줄을 서는 데 시간을 다 보낸다.

줄을 이리저리 바꾼 사람은 피곤하고 에너지도 낭비한다.

선택했다면 줄을 바꾸지 말고 기다려라. 느린 것 같아도 제일 빠른 방법이다.

조금 늦을 수도 있지만 전체적인 효율 면에서는 이득이다.

직장생활도 마찬가지다.

적성에 안 맞는다고 그만두고, 힘들다고 그만두는 사람이 있다.

남의 직장이 더 편해 보이고 좋아 보인다.

원래 남의 떡이 더 커 보인다고 하지 않는가.

하지만 어디나 힘들고 어려운 것은 마찬가지다.

너무 자주 바꾸지 마라.

이제까지 쌓아온 노하우가 아깝지 않은가?

고수가 되려면 내가 좋아하는 것, 잘하는 것, 남에게 도움이 되는 것을 선택하고 10년 이상 기다리는 것이 중요하다.

왔다 갔다 하지 마라. 제일 빨라 보여도 제일 느린 방법이다.

난 무엇을 위해 노력하는가

'추사 김정희' 하면 생각나는 것은 무엇인가?

'추사체'란 걸 모르는 사람은 글을 모르는 사람이다.

'세한도'를 아는 사람은 김정희 선생을 조금 아는 사람이다.

추사 김정희 선생을 알면 알수록 엄청나다는 것을 알게 된다.

선생이 친구에게 보낸 편지 중 이런 내용이 있다.

'나는 70평생 벼루 10개를 밑창 냈고, 붓 1,000자루를 몽당붓으로 만들었다.'

'10개의 벼루를 밑창 내고, 1,000개의 붓을 몽당붓으로 만들었다.'

이 말에서 글을 잘 쓰기 위해 얼마만큼 노력했는지, 또 연습했는지 알 수 있다.

난 무엇을 노력하면서 살고 있는가 생각해 본다.

매일 1줄 독서를 실천해 만 권을 읽는다.

매일 1줄 책 쓰기를 실천해 백 권을 쓴다.

매일 좋은 글을 올려서 다른 사람을 도와주니 좋은 일만 생긴다.

매일 다이어리를 기록해서 시간관리, 자기관리 고수가 된다.

매일 아침 밥 차리고 설거지해서 아내에게 평생 예쁨을 받는다.

매일 태권도 품새를 해서 9단이 된다.

매일 1회 아령 들기를 해서 몸짱이 된다.

매일 거울을 보면 웃고 100세까지 건강하고 행복하게 산다.

매일 미소, 인사, 대화, 칭찬하고, 비난, 비평, 불만을 갖지 않아서 인간관계 달인이 된다.

매월 1만 원 적금 통장을 만들러 은행에 가서 100억 부자가 된다.

매주 재능기부 강의를 통해 남을 도와주다 보니 스타강사가 된다.

모두 나의 꿈이다.

노력하지 않으면 꿈은 이루어지지 않는다.

꿈이 현실이 되는 방법은 '노력' 밖에 없다.

한 번 더

썩 꺼져버려.

너 같은 땅꼬마 말더듬이를 세일즈맨으로 받아줄 사람은 어디에도 없어.

바쁜 사람 귀찮게 하지 말고 당장 나가.

다시는 보험 쪽엔 얼씬 거리지도 마.

멍청한 녀석.

한 남자가 47번 면접에 떨어질 때마다 면접관에게 듣던 말이다.

그 남자는 48번째 면접에서 또다시 불합격 판정을 받았다.

문을 열고 밖으로 나오려는 순간.

그 남자는 반동을 이용하여 몸을 홱 돌리더니 면접관에게 다시 한 번 소리쳤다.

"면접관님, 만일 제가 이 회사에 들어가기만 한다면……."

그리고 결국 그 남자는 합격했다.

면접관은 그렇게 면박을 당하고도 '한 번 더' 시도하는 그의 끈기와 근성을 높이 샀던 것이다.

그 남자는 바로 보험 세일즈로 27세에 백만장자가 된 폴 마이어다.

지인 중에 보험업계에 종사하는 사람이 있다.

일이 잘 풀리지 않을 때 일명 '빌딩타기'를 한다고 한다.

'빌딩타기'는 사무실이 많은 빌딩 맨 위층에 올라가 내려오면서 방문 영업을 하는 방식이다.

물론 모두 처음 방문하는 사무실이다.

거의 모든 사람들에게 거절을 당하는 것은 당연한 것이고, 5~10분 정도 상품 브리핑을 하는 것은 성공이라고 봤다.

이렇게 해서 계약을 한 경우도 많다고 한다.

인생은 거절과 실패의 연속이다.

거절과 실패는 성장을 위한 연습이다.

진짜 하고 싶은 것이 있는데 거절이나 실패로 포기한다면 그것은 진짜 하고 싶은 것이 아니다.

한 번 더 해보자.

지치면 지는 것이다.

하고자 하는 일이 잘 안 된다고요

마가렛 미첼은 [바람과 함께 사라지다]를 쓰기 위해 자료수집에만 20년을 바쳤다.

에드워드 기번은 [로마 제국의 흥망사]를 쓰는 데 20년이 걸렸다.

노아 웹스터는 [웹스터 사전]을 만드는 데 36년이 걸렸다.

링컨은 24세 주 의회 선거 실패를 시작으로 수없는 실패 후에 52세에 대통령이 되었다.

에디슨은 전구를 발명하기 위해 10,000번 이상 실험을 했다.

나폴레온 힐은 20년 동안 성공자를 조사해서 성공법칙을 저술해 세계적인 작가가 되었다.

몇 번 해보고, 아니면 1년 해보고 포기할 생각이면 시작도 하지 마라.

강의 중에 '인생게임'을 한다.

준비물은 주사위 2개, 인생점수판.

주사위 두 개를 던져 나온 숫자의 합을 점수판에 적는다.

인생점수판에는 이런 것들이 있다.

숫자의 합	이것이 인생이다.
2	죽음. 아쉽지만 이것이 인생이다.
3	이혼. 0부터 다시 시작한다.
4	실직. 두 차례 쉼.
5	파산. 점수÷2
6	아픔. 다음 순서에 다시 6이 나오면 죽음.
7~12	나온 숫자를 더한다. 저축
12	6*6(로또 당첨) 한 개를 한 번 더 던져 나온 숫자와 두 번 곱해준다.

게임에서 제일 험난한 인생을 겪은 사람의 이야기를 들어본다.

이혼하고 실직하고 파산도 했단다. 하지만 결국엔 해피엔딩으로 마무리한다.

게임을 하고 느낌 점을 이야기하는 시간이 있다.

내가 해보지 못한 소중한 경험을 게임을 통해서 했다.

인생은 경험이 중요하다.

인생이 주사위에 의해 결정된다면 정말 비참하다.

지금이라도 내 삶의 주인이 되자.

혹시나 로또를 기대했지만 역시 허사였다.

한 방 인생을 바라지 말고 노력하면서 살자.

한 번 뿐인 인생 살아 있는 동안 최선을 다하자.

인생 '노력' 마인드 솔루션

"밥 먹듯이 하면 세상에 안 될 건 없다."

노력 마인드를 위해 꼭 실천하고 싶은 것을 쓰세요.
예) 매일 독서, 매일 책 쓰기, 매일 운동, 매일 다이어리 쓰기, 매일 강의하기

입으로 할 수 있는 최고의 약- 칭찬

비행기와 사람의 차이

비행기는 예정된 시간에 떠난다.

사람은 어느 날 갑자기 떠난다.

갑자기 떠나기 전에 비행기 타고 지금 같이 떠나라.

비행기는 멀어지면 점이 된다.

사람은 멀어지면 적이 된다.

점이 적이 되기 전에 정을 쌓아라.

비행기는 떠나도 돌아온다.

사람은 한 번 떠나면 다시 돌아오지 않는다.

떠나지 않도록 매일 비행기를 태워줘라.

비행기와 칭찬의 공통점

비행기는 좋은 비행기도 있고, 나쁜 비행기도 있다.

하지만 빨리 가고 늦게 갈 뿐 도착지는 같다.

칭찬은 좋은 칭찬도 있고, 나쁜 칭찬도 있다.

하지만 칭찬을 듣기 싫어하는 사람은 없다.

비행기를 처음 타면 어리둥절하다.

하지만 자꾸 타면 여행전문가가 된다.

칭찬을 처음 하면 쑥스러워 못 한다.

하지만 칭찬도 자꾸 하면 칭찬지도사가 된다.

매일 비행기를 태워줘라.

매일 비행기 타는 사람은 얼마나 신나겠는가.

입이 할 수 있는 최고의 일

비가 오는 어느 날이었다.

우산이 없어 비에 완전히 젖은 몸으로 택시를 탔다.

택시 기사는 젖은 옷 때문에 카시트가 젖는다고 말한다.

'그럼 태우지를 말던지.'라고 말하려다 참았다.

기분이 별로인데 기사가 난폭운전까지 한다.

짜증을 낼까 하다가 이렇게 말했다.

"운전 정말 잘하시네요."

그러자 택시 기사는 내말을 진심으로 받아들였나 보다.

기분이 좋아졌는지 안전운전을 했다.

내릴 때 내가 인사하기도 전에 친절하게 인사까지 해준다.

그래서 내 기분도 풀렸다.

입이 할 수 있는 일 중 최고의 일은 무엇일까?

입은 나쁜 말도 하고 좋은 말도 한다.

그중에 최고의 일은 칭찬이다.

칭찬 중에 최고의 칭찬은 내 칭찬이 아니라 남 칭찬이다.

내 칭찬은 내가 하는 것이 아니라 남이 해주는 것이다.

내 입에게 시킬 최고의 일은 남 칭찬이다.

53장

무조건적 칭찬이 아닌 노력에 대한 칭찬을 해라

1975년 드웩이란 학자가 실험을 했다.

학생을 두 그룹으로 나누어 수학문제를 풀게 했다.

한 그룹에게는 문제를 풀든 못 풀든 무조건 잘했다고 칭찬해주었다.

다른 한 그룹에는 틀린 문제를 지적해주고 더 노력하면 잘할 수 있다고 이야기해 주었다.

그 다음 이 두 그룹에 쉬운 문제와 어려운 문제가 섞인 문제를 풀게 했다.

일반적으로 칭찬을 들은 학생들이 어려운 문제를 잘 풀 거라고 생각했지만 결과는 반대였다.

'칭찬'만 들은 그룹은 어려운 문제를 쉽게 포기했다.

하지만 '노력'을 강조한 그룹의 학생들은 어려운 문제에 봉착했을 때 더 노력하는 모습을 보이며 점수가 향상된 결과를 보였다.

"이기는 것이 중요해요?"

"아니오."

"그럼 무엇이 중요합니까?"

"노력하는 거요."

수업시간에 아이들과 나누는 대화내용이다.

'노력' 마인드에서도 말했지만 10여간 노력을 외쳐왔다.

토끼와 거북이가 달리기를 하면 누가 이길까?

당연히 토끼가 이긴다.

하지만 이솝우화에서는 거북이가 이기는 걸로 나온다.

결국 포기하지 않고 노력하면 이길 수 있다는 메시지다.

빠른 것이 이기는 것이 아니라 느리더라도 거북이처럼 끝까지 하면 이기는 것이다.

주위에 있는 거북이들에게 가서 칭찬해라.

"지금은 느리지만 걱정하지 마. 거북이 넌 결국엔 이기니까"

아부하는 사람이 리더다

칭찬은 '갑'과 '을'의 수직관계를 수평관계로 만든다.

칭찬을 못 하는 사람들은 아부로 보일까 두려워 못 한다.

아부를 남에게 알랑거리는 것으로 생각해서 못 한다.

하지만 아부에도 긍정적인 기능이 있다.

미국의 시인 랄프 왈도 에머슨은 말했다.

"아부를 싫어하는 사람은 없다. 아부란 자기가 중요한 인물이라는

사실을 보여주기 때문이다."

상대방이 중요한 사람이라고 느끼도록 아부해라.

리더가 되고 싶다면 먼저 칭찬해라.

리더는 솔선수범해야 한다.

칭찬을 먼저 하는 사람이 리더다.

칭찬 드라마 3부

1부(안부) → 2부(아부) → 3부(기부)

안부

1) 처음 만난 사람: 성함이 어떻게 되세요? 어디에 사세요? 하시는 일이 뭔가요? 어떻게 알고 오셨나요? 무엇을 얻고 싶은가요? 무엇이 궁금한가요?

2) 오랜만에 만난 사람: 잘 지내셨어요? 뭐 하고 지내셨어요? 하는 일은 잘되시나요? 애들은 많이 컸나요? 아내는 잘 지내시죠?

아부

1) 처음 만난 사람: 혹시 연예인 아니세요? 피부가 장난 아니네요. 말을 너무 잘 하시네요. 인상이 너무 좋으세요. 성공비법 좀 알려주세요. 노하우 좀 알려주세요.

2) 오랜만에 만난 사람: 얼굴이 좋아졌네요. 보고 싶었어요. 언제 봐도 편안해 보이시네요. 뵐 때마다 기분이 좋아 행복합니다. 그렇게 잘되는 노하우 좀 알려주세요. OO 잘하는 방법 좀 알려주세요.

기부

1) 처음 만난 사람: 명함을 준다. 진심으로 칭찬한다. 음료나 커피를 준다. 간식을 준다. 기념품을 준다. 한 가지라도 챙겨준다.

2) 오랜만에 만난 사람: 진심으로 칭찬한다. 음료나 커피를 준다. 간식을 준다. 기념품을 준다. 식사를 대접한다. 한 가지라도 챙겨준다.

55장 칭찬의 힘

제너럴 일렉트릭 4,000% 성장 신화.

세계기업 역사상 최고액 퇴직금(4,500억 원).

전 세계 CEO들이 가장 닮고 싶어 하는 CEO.

1981년 당시 45세의 나이로 100년 GE 역사상 최연소 CEO에 임명.

그는 누구인가?

잭 웰치 이야기다.

어린 시절에는 심하게 말을 더듬어 친구들에게 놀림을 받았다.

잭 웰치 어머니는 이를 보고 이렇게 말했다.

"네가 말을 더듬는 것은 머리 회전이 너무 빨라 혀가 따라가지 못하기 때문이란다."

잭 웰치는 어머니 덕분에 자신감을 잃지 않았다.

잭 웰치는 자신에게 가장 큰 영향을 미친 스승을 한 사람만 꼽으라고 하면 주저 없이 어머니라고 말한다.

내가 수업을 하는 유치원에서 전화가 왔다.

"체육 선생님, 고마워요"

다짜고짜 원장님께서 고맙다는 것이다.

"왜 그러시죠?"

"아……. 유치원에 가기 싫어하는 유아가 있는데 체육시간은 너무 좋아서 유치원에 온대요."

원장님께 다시 여쭤 보았다.

"왜 체육시간이 좋다고 하나요?"

"체육 선생님이 자기한테 '엄지척' 해주셔서 너무 좋았대요."

나는 그 아이를 기억하지 못한다.

누구에게나 수업시간에 엄지척을 해준다.

그 엄지척이 누군가에게는 힘이 될 수 있고, 꿈이 될 수 있다는 것을 명심해야 한다.

좋은 칭찬 나쁜 칭찬은 있다.

하지만 제일 좋은 칭찬은 '지금 칭찬'하는 것이다.

인생을 바꾸는 한마디

김창옥 강사.

스타강사, 소통강사, 재미있는 강사, 방송 강사.

그를 따라다니는 수식어들이다.

그의 강의를 듣다 보면 너무 재미있어 시간가는 줄 모른다.

지금 그는 많은 사람들에게 영향력을 미치며 남부럽지 않게 살고 있지만, 청소년기에는 가난과 아버지의 장애 때문에 힘든 시기를 보냈다.

아버지는 청각장애를 비관해 매일 술을 드시고 어머니와도 싸우는 일이 많았다.

막내였던 김 강사는 부모님이 싸울 때마다 집 밖으로 나가 방황했다고 한다.

어려운 환경에서 삼수까지 하고도 대학에 낙방했고, 홧김에 해병대에 입대했다.

전역 후에는 무작정 서울로 올라갔다.

성악가가 되고 싶었던 그는 아르바이트를 해서 번 돈으로 짧은 시간이나마 성악 과외를 받았고, 경희대학교 성악과에 입학하게 된다.

하지만 그는 매일 아르바이트로 전전긍긍하며 생활했고, 조금도 나아지지 않는 삶에 지쳐가고 있었다.

그러던 어느 날, 대학교에서 수업을 듣던 중 교수님의 한마디가 그에게 힘을 주었다.

"사는 대로 노래하고, 노래하는 대로 산다."

이 한마디 때문에 자신이 좋아하고 잘하는 것을 찾았고, 지금은 대한민국을 대표하는 소통강사로 활약하고 있다.

나는 중학교 때까지 공부를 잘했다.

하지만 고등학교를 다니면서 방황을 많이 하면서 성적이 떨어졌다.

방황하는 동안 고등학생이 하지 말아야 할 것을 많이 하고 다녔다.

어느 날은 친구가 사는 동네에서 10명이 모여 놀았다.

한 친구가 심심했는지 지나가는 중학생의 돈을 빼앗다가 주민의 신고로 다 같이 파출소에 간적이 있다.

물론 나는 옆에서 구경만 했다.

우리는 미성년자였기 때문에 부모님이 오셔서 사건을 해결해 주실 줄 알았는데, 그때 당시에는 고등학교 담임선생님이 오셔서 훈방 조치를 받고 풀려났다.

그리고 며칠이 지나 대학교 진로 상담시간이 되었다.

담임선생님이 반 아이들이 다 있는 자리에서 내 이름을 거론하시면서 진로에 관해 한마디 말씀하셨다.

"낙식아, 너는 운동 잘하잖아. 운동신경 있잖아. 체육 잘하잖아. 축구 잘하잖아. 그러니까 공부를 조금만 해서 서울에 있는 체육학과를 충분히 갈 수 있는 실력이야!"

나는 이 한마디에 감동을 받고 고3이 되자마자 입시체육을 시작했다.

그리고 체육학과, 체육학석사, 체육학박사, 체육지도자, 대학교 겸임교수까지 할 수 있었다.

하지만 나는 줄곧 선생님의 말씀처럼 운동신경이 있었다고 생각했는데 체력에 관한 공부를 하다가 내가 운동신경이 없다는 사실을 발견하고 놀라게 되었다.

나는 운동 신경이 좋았던 것이 아니라 그냥 운동을 좋아했을 뿐인데, 선생님의 말 한마디에 힘을 얻어 내 인생의 길을 걸을 수 있었던 것이다.

누구에게나 인생을 바꿔준 한마디가 있을 것이다.

이제 도움을 받았다면 남에게 도움을 줘보자.

내 말 한마디로 인생이 바뀐다면 얼마나 기쁜 일인가.

지금 옆에 있는 사람에게 말해보자.

"당신은 정말 최고입니다."

다양한 칭찬법으로 상대방을 감동시켜라

1) 그대로 칭찬법

사실 그대로, 본 것 그대로, 느낀 그대로의 칭찬법이다.

진심이 전달될 수 있으므로 효과가 크다.

2) 오버 칭찬법

조금 다른 사실을 오버해서 리액션하는 칭찬법이다.

예를 들면 회사 동료가 새로운 넥타이를 매고 출근했다면 이렇게 말한다.

"넥타이가 어쩜 그렇게 멋져요. 그거 어디서 구매했어요. 나도 구매해서 선물하려고요. 넥타이 고르는 센스가 너무 좋네요."

3) 비유 칭찬법

연예인이나 좋은 것에 비유하여 칭찬하는 방법이다.

예를 들면 피부가 좋은 사람에게는 이렇게 말한다.

"당신의 피부는 마치 우유빛깔 같네요."

4) 반전 칭찬법

처음엔 칭찬을 약하게 하고 나중엔 뒤집기로 상대방의 허를 찌르는 방법이다.

예를 들면 "그냥 보면 피부가 좋아 보이지만 현미경으로 보니 애기 부피 같네요."

5) 비언어 칭찬법

말하는 것이 부담스러워하는 사람들이 하면 좋다.

엄지척 해준다. 미소를 보낸다. 고개를 여러 번 끄덕여 인정해준다.

6) 희생과 가치 칭찬법

예를 들면 문재인 대통령이 미국을 방문했을 때 해병기념비에 헌화를 하며 미군의 인도적인 민간인 구출을 언급함으로써 희생과 가치를 칭찬했다.

희생과 가치에 대한 칭찬은 상대로부터 그냥 칭찬하는 게 아닌 진심으로 느껴지게 할 수 있는 최고의 방법이다.

7) 거울 칭찬법

이 칭찬법은 자신에게 하는 칭찬법이다. 일명 '자존감 칭찬법'이다.

거울을 보고 자신에게 매일 말한다.

'난 잘하고 있다. 나는 최고다. 나는 할 수 있다. 나는 행복하다. 나는 행동으로 보여준다.'

방송에서 이런 실험을 본 적이 있다.

엄마와 초등 2학년 학생이 한 팀이 된 열 가족이 있다.

실험은 아이가 볼풀 공을 던지고 엄마가 받는 게임형식이다.

그리고 엄마가 어떤 말을 했을 때 잘 넣고 못 넣는지 알아보는 실험이었다.

실험 장면은 이렇다.

5평 정도의 방에 볼풀 공을 많이 풀어 놓는다.

아이는 눈을 가리고 공을 던진다.

엄마는 던진 공을 바구니로 받는다.

볼풀 공을 적게 넣은 팀은 엄마가 어떤 말을 많이 했을까?

"왜 이렇게 못 해……, 왼쪽이잖아……, 아이고, 뭐하는 거야……."

두 번째로 많이 넣은 팀은 어떤 말을 했을까?

"안 들어갔네, 아니 왼쪽……, 아니 오른쪽……, 아니 뒤로……."

마지막으로 제일 많이 넣은 팀은 볼풀공이 바구니에 안 들어가도 이렇게 말했다.

"그래, 잘했어, 그래, 왼쪽……, 그래, 오른쪽, 그래 뒤로……."

난 이 영상을 보고 나를 반성했다.

나도 아이들에게 수업을 하면서 혼내지는 않지만 잘 가르치기 위해 욕심이 생겨 '아니…….'라는 말을 많이 했던 것 같다.

그날 이후로 변하려고 노력했다.

"그래! 잘했어……."

자뻑해라

"요즘 어떠세요?"라고 물으면 다들 힘들다고 말한다.

심지어 '오포세대(연애, 결혼, 출산, 인간관계, 내 집 마련을 포기한 세대'란 말도 생겨났다.

서로 힘들어 응원할 기운도 없다.

이럴 때 필요한 건 '자뻑'이다.

'自뻑'이란 한자 '스스로 자'와 강렬한 자극으로 정신을 못 차린다는 의미의 속어인 '뻑'이 합성된 신조어이다. 자기 자신에게 도취되어 정신을 못 차린다는 말이다.

힘들고 지칠 때는 '자뻑'하자.

어느 날 소설가 이외수 작가의 책을 보다가 그분이 위암 3기를 선고받고 수술한 사실을 알았다.

이 작가는 암과 싸우기 위해 선택한 것이 '자뻑'이다.

먼저 거울을 준비하고 화장품도 준비하고 멋진 옷을 준비해서 틈나는 대로 거울을 보고 자신을 격려한다고 한다.

'잘생겼다, 이외수. 미남이다. 인간성도 괜찮은 놈이야.'

이 작가는 자뻑을 하다 보니 자신도 모르게 의지와 용기가 조금씩 자라기 시작했다고 말한다.

힘들다고 생각되면 자뻑하자.

남들이 위로해 주길 기다리지 말고 스스로를 위로하자.

나 아니면 누가 나를 칭찬하겠는가.

자뻑하기

나는 잘 생겼다.

나는 멋지다.

나는 예쁜 아내가 있다.

나는 멋진 아들과 딸이 있다.

나는 장모님과 처제가 있다.

나는 책도 쓴 사람이다.

나는 긍정적인 사람이다.

나는 배우는 것을 잘한다.

나는 실천하는 것을 잘한다.

나는 내가 정말 좋다.

나는 독서를 잘하는 독서 마라토너다.

나는 골 때리는 강사다.(goal, 골통, 상상력)

나는 노력맨이다.

나는 대단한 사람이다.

나는 행복한 사람이다.

스킨십 칭찬

5분 동안 설명하는 말보다는 5초 동안 어루만지면서 마음을 전달하는 것이 훨씬 효과적이다.

행동과학자들은 스킨십이 부족한 현상을 '피부 굶주림'이라고 부른다.

사람들은 스트레스를 받거나 불안하면 음식을 먹는다.

아니면 친구를 만나 수다를 떨어보기도 한다.

하지만 채워지지 않는 무언가가 남는다.

그것은 인간의 가장 근본적인 커뮤니케이션 '스킨십' 욕구 때문이다.

아들이 잠을 자고 있다.

조용히 다가가서 볼 뽀뽀를 하고 '사랑해.'라고 말한다.

집사람이 설거지를 하고 있다.

뒤에서 허그를 하면서 '고마워.'라고 말한다.

온가족이 손을 잡고 산책을 한다.

말을 안 해도 서로가 통하는 느낌을 받는다.

오랜만에 친구를 만났다.

악수와 허그를 하면서 '보고 싶었어.'라고 말한다.

스킨십은 리더십이다.

배가 고픈데 리더가 밥은 안 주고 일만 시키면 짜증이 난다.

먼저 밥 주고 일을 시켜야 한다.

피부가 굶주리고 있는데 스킨십은 안 하고 말로만 하면 짜증이 난다.

먼저 피부 밥 '스킨십'을 줘야 한다.

60장

실패를 칭찬해라

사실이 아니라는 것을 알면서도 좋은 칭찬

자동차 판매왕 조 지라드는 사람의 마음을 사로잡는 강력한 수단은 칭찬이라고 했다.

그는 인간의 본성은 사람들이 칭찬에 너무나 굶주려 있다는 점을 깨달았다.

그래서 만나는 사람마다 칭찬해 전설적인 세일즈맨이 되었다.

그는 칭찬에 대해 이렇게 말했다.

"사람들은 칭찬하는 말을 진실이라고 믿는 경향이 있다. 또 사람들은 상대방이 하는 칭찬이 사탕발림인지 알면서도 칭찬해주는 사람을 좋아한다."

칭찬 게임

여러 명이 동그라미 대형으로 앉는다.

한 사람이 맨 앞에 앉아 이렇게 말한다.

"저는 OOO입니다. 저를 칭찬해 주세요."

그럼 나머지 사람들은 돌아가면서 그 사람을 칭찬한다.

칭찬이 다 끝나면 칭찬을 받은 사람은 인사한다.

"저를 칭찬해주셔서 감사합니다."

다음 사람이 나간다.

똑같은 방식으로 진행을 한다.

칭찬 게임이 끝난 다음 칭찬받을 때 느낌을 물어본다.

"칭찬받으니 기분이 너무 좋네요."

"그냥 하는 소리인 줄 알면서도 기분이 좋아지네요."

"칭찬받으면 기분이 이렇게 좋은데 나도 칭찬 많이 해야겠네요."

또 다른 질문은 칭찬할 때의 기분이다.

"칭찬하는 게 쉬운 일이 아니네요."

"칭찬도 연습이 필요하네요."

누구나 인정받길 원하지만 누구나 인정해주길 힘들어한다.

인정할 줄 알아야 인정받을 수 있다는 것을 잊어서는 안 된다.

인생 '칭찬' 마인드 솔루션

"최고의 칭찬 테크닉은 그냥 칭찬하는 것이다."

칭찬 마인드를 위해 꼭 실천하고 싶은 것을 쓰세요.
예) 이긍따우(이름을 불러주고, 긍정적으로 말고, 상대방의 말을 따라 하기, 우리 000라고 말하기), 미인대칭 비비불(미소, 인사, 대화, 칭찬하고, 비난, 비평, 불만 안 하기)

남아서 주는 것이 아니라 주니까 남는 약- 나눔

61장

나눔은 어려워서 못 하는 것이 아니라 해보지 않아서 못 하는 것이다.

초등학교에 가면 산수를 배운다.

산수의 기본인 '더하기, 빼기, 곱하기, 나누기'에서 인생 기본기를 배워본다.

'더하기, 빼기, 곱하기, 나누기' 순으로 배운다.

맨 처음 배워야 할 것은 '나누기'다.

'÷(나눔)'은 어려워서 못 하는 것이 아니라 해보지 않아서 못 하는 것이다.

초등학교 때 맨 처음 배우지 말아야 할 것은 '+(더하기)'다.

매일 더 가지려고 욕심만 낸다.

'－빼기'의 양면성

'－통장'의 숫자가 늘어갈수록 힘들지만 '－몸무게'의 숫자가 늘어갈

수록 건강해진다.

'×(곱하기)'

나눔을 곱하면 '+플러스 인생'이 되고, 욕심을 곱하면 '– 마이너스 인생'이 된다.

나는 항상 더하기만 생각하고 산다.

조금 더 벌어야 잘살 수 있기 때문이다.

가끔은 곱하기도 생각한다.

조금 움직이고 많이 벌기를 바란다.

욕심일 뿐인데 말이다.

우리 집 앞에는 항상 –(마이너스)가 붙어 있다.

대출인생이다.

사람들은 대출도 재산이라고 말한다.

내가 제일 먼저 배웠어야 할 것은 '÷(나눔)'이었다.

처음에 배우지 못해서 지금도 못 하고 있다.

더하기, 빼기, 곱하기, 나누기에서 인생을 배웠다.

62장

내가 가진 것을 전부 주는 것이 진정한 나눔이다

왕에게 한 명의 딸이 있었다.

그 딸이 전염병에 걸렸지만 약이 없어 슬퍼하고 있었다.

그래서 왕은 딸의 병을 고쳐주는 사람을 사위로 삼고, 다음 왕으로 임명하겠다고 큰 글씨로 써서 '대자보'를 붙였다.

멀리 삼 형제가 살고 있었고 그들은 각각 한 가지씩 신기한 물건을 가지고 있었다.

첫째는 신기한 안경, 둘째는 신기한 양탄자, 막내는 신기한 사과를 갖고 있었다.

어느 날 첫째는 안경으로 주변을 살피다가 왕이 붙여놓은 '대자보'를 보게 되었다.

그래서 첫째가 형제들에게 공주의 병을 고쳐주자고 의견을 내서 삼 형제는 둘째의 양탄자를 타고 궁궐로 가서 왕의 딸에게 셋째가 가지고 있는 신기한 사과를 먹여 병을 낫게 했다.

드디어 왕은 다음 왕의 계승자를 발표하기로 했다.

그러자 삼 형제는 서로 자기가 왕이 되어야 한다고 싸우기 시작했다.

첫째, "내 안경이 없었다면 대자보를 보지 못해 병을 고칠 수 없었을 거야. 그러니 내가 왕이 돼야 해."

둘째, "양탄자가 없었다면 궁궐까지 올 수 없어 병을 못 고쳤을 거야. 내가 왕이 돼야 해."

셋째, "사과를 먹이지 않았다면 병을 고칠 수 있었을까? 그러니 내가 왕이 돼야 된다고."

그러나 현명한 왕은 이렇게 말하고 막내에게 왕위를 계승했다.

"안경을 갖고 있는 첫째는 아직도 안경이 있으며, 양탄자를 사용한 둘째도 아직 양탄자가 있지만, 사과를 갖고 있는 막내는 사과를 먹여 버렸기 때문에 아무것도 가진 것 없이 다 주었네. 그래서 막내에게 왕을 물려주겠네."

내가 제일 부족한 것이 나눔이라는 것을 자기관리를 잘하기 위해 다이어리를 쓰면서 알았다.

내가 쓰는 다이어리는 시간관리가 가능하다.

하루 혹은 일주일을 계획하고 결산할 수 있다.

일요일이 되면 일주일을 일곱 색깔 무지개 형광펜으로 결산을 본다.

색깔에는 의미가 있다.

빨– 머니 머니 해도 돈을 벌어야 한다.

주– 업무, 기획, 일을 관리해라.

노– 담배 NO, 술 NO, 건강 관리해라.

초– 초조하면 가족, 개인생활로 행복해라.

파– 파라. 자기계발로 자기관리해라.

남– 남에게 줘라. 나눔 봉사해라.

보– 남을 보러 가라. 인간관계해라.

색깔을 다 칠하고 나면 다이어리에 많은 색깔이 있고, 적은 색깔이
있다.

남색(나눔)이 많이 부족하다.

돈 벌고 일하느라 나눔에는 신경을 못 썼다.

많이 반성한다.

난 하수다. 고수가 되려면 멀었다.

나누며 살자.

63장

돈 없어도 남에게 베풀 수 있는 방법

어떤 가난한 사람이 부처님을 찾아가 하소연을 하였다.

"저는 하는 일마다 잘 안 되고, 왜 항상 가난하게 살아야 합니까?"

그러자 부처님이 말했다.

"그것은 네가 남에게 베풀지 않았기 때문이니라."

"저는 아무 것도 없는 빈털터리입니다. 남에게 줄 것이 없는데 뭘 준단 말입니까?"

"그렇지 않느니라. 아무 재산이 없더라도 남에게 줄 수 있는 7가지 는 있는 것이다."

   1. 안시(眼施), 부드럽게 바라보기

   2. 화안시(和顏施), 웃어주기

   3. 언사시(言辭施), 좋은 말 해주기

   4. 신시(身施), 친절하게 대하기

   5. 심시(心施), 마음 헤아려주기

6. 상좌시(床座施), 자리 양보하기

7. 찰시(察施), 알아서 도와주기

이것이 바로 잡보장경(雜寶藏經) 불경에 나오는 무재칠시(無財七施)이다.

나누지 못하는 사람들의 특징은 자기 자신이 남들보다 가진 게 없다고 생각한다.

그러니까 계속 못 가지게 되는 것이다.

나는 나눔을 꼭 돈으로만 해야 된다고 생각했다.

그래서 더 못 했던 것 같다.

'무재칠시'의 부처님의 가르침을 보니 나눔이 어렵지 않다는 것을 알았다.

나누는 삶이 생각보다 우리 가까이에 있고, 소소한 것이다.

난 뭘 나눌 수 있을까?

어렵게 생각하지 말자.

무재칠시(無財七施)하면 된다.

부드럽게 바라봄으로 나누기

웃어줌으로 나누기

좋은 말 해줌으로 나누기

친절하게 대함으로 나누기

마음 헤아림으로 나누기

자리 양보함으로 나누기

알아서 도와줌으로 나누기

64장

허드렛일을 해라

화가가 그림을 그리는 데 누군가 캔버스를 미리 준비해주고, 그림 도구들을 챙겨주는 등 허드렛일을 해준다면 얼마나 편하겠는가.

허드렛일을 하라는 의미는 다른 사람이 잘될 수 있도록 자발적으로 도와주라는 것이다.

영국의 정치가이자 작가였던 마혼 경은 이렇게 말했다.

"위대한 사람은 언제나 순종할 준비가 되어 있다. 자신의 지휘력은 나중에 언제든 증명할 수 있기 때문이다"

다른 사람을 지시하는 게 리더가 아니라, 다른 사람에게 순종할 수 있는 사람이 진정한 리더다.

내 것만 챙기는 사람이 리더가 아니라, 다른 사람 것을 챙겨주는 사람이 진정한 리더다.

당신의 리더가 당신의 허드렛일을 해준다면 무시하겠는가? 따르겠는가?

난 새벽형 인간이다.
집사람은 저녁형 인간이다.
난 새벽에 일어나서 돌아다닌다.
집사람은 자고 있다.

저녁에는 반대다.
집사람은 밤늦게까지 잠을 안 자고 돌아다닌다.
나는 저녁식사를 하고 9시 뉴스가 끝나면 졸기 시작한다.
내가 새벽에 일찍 일어나서 돌아다니면 집사람이 잔소리한다.
"다른 가족들은 다 자고 있는데 시끄럽게 하면 어떡해!"
집사람이 밤늦게까지 잠을 안 자고 돌아다니면 내가 잔소리한다.
"항상 늦게 자니까, 아침에 못 일어나서 아침밥 못 차리지!"

난 집사람을 사랑한다.
하지만 매일 애들을 깨워서 아침마다 밥 차리고 학교 보내는 것 때문에 싸운다.
나는 아이디어를 냈다.
"당신은 아침잠이 많고, 내가 일찍 일어나니까, 애들 학교 보내고 아침밥 차리는 것은 내가 할게!"

그리고 아이들이 중학교 때부터 몇 년을 새벽 6시 30분에 일어나, 애들을 깨우고 아침밥을 차려주고 학교를 보낸다.

우리 집에 평화가 찾아왔다.

내가 먼저 집사람을 무조건 도와주니 고맙다는 말도 자주한다.

그러다 보니 내가 하는 일에 무조건적 지지를 보내준다.

가정에 리더가 되려면 먼저 가족의 '허드렛일'을 해줘야 한다.

내가 먼저 하는 것은 손해가 아니라 이득이라는 것을 잊지 말아야 한다.

행복은 나눔에서 온다

얼마 전 아프리카 극빈 지역 아이들의 놀라운 이야기를 들었다.

그곳 아이들은 굶어죽을지언정 스스로 삶을 포기하지는 않는다는 사실이었다.

가장 놀라게 한 것은 초코파이 이야기였다.

한 아이가 구호단체에서 준 초코파이 한 개를 열 명쯤 되는 친구들과 나누어 먹더라는 것이다. 이들이 이럴 때 외치는 말이 있다.

"우분투!(ubuntu!)"

'I Am, Because You Are. 당신이 있기에 내가 있습니다.'

내일 아침이면 누군가는 말라리아로, 누군가는 굶주림으로 죽을지 모르지만, 오늘 이들은 가진 것을 나누며 웃음을 잃지 않는다.

우리나라의 자살률은 13년째 1위(2016, OECD 회원나라 중), 하루 평균 36명, 40분마다 1명씩 자살한 셈이다.

하지만 그들의 자살률은 제로에 가깝다.

인생이 행복하고 싶다면 이렇게 외쳐라.

"우분투!(ubuntu!)"

많이 있을 때 나누는 것은 당연하다고 생각한다.

많이 없을 때 나누는 것은 어렵다고 생각한다.

있고 없음이 중요한 것이 아니라 나누는 것이 중요한 것이다.

난 강의장을 운영한다.

사람들이 임대료는 나오느냐고 물어본다.

나도 힘들지만, 그래도 내가 가지고 있는 건 강의장이기 때문에 나눔을 실천한다.

내가 책을 좋아해서 독서모임을 할 수 있는 장소를 나눈다.

강사를 초청해 강연 문화를 만들고 싶어 강사섭외, 장소, 기획을 나눈다.

사람들이 내가 나눈 장소에 와서 행복할 때가 나도 제일 행복하다.

나눔은 자기가 가지고 있는 것을 나누는 것이고, 나눔은 자기가 없을 때 나눌 때 그 가치가 올라간다.

부자 되는 생각법

위대한 철강왕 앤드류 카네기가 위대한 업적을 남기고 죽었다.

그 후 그의 책상 서랍에서 노란색 종이가 한 장 발견되었다.

종이에는 카네기가 20대 쓴 인생의 목표가 기록되어 있었다.

그 목표 중 하나는 이렇게 쓰여 있다.

"나의 인생 절반은 돈을 모으는 데 쓸 것이고, 나머지 절반은 그 돈을 나눠주는 데 쓸 것이다."

카네기는 인생 전반부에 4억 5,000만 달러(현재 450억 달러의 가치)라는 큰돈을 모았다.

그리고 실제로 인생의 후반부에는 그것을 모두 나눠주는 행복을 누렸다.

모든 것은 머리로 생각한 대로 된다.

모든 것은 글로 쓰는 대로 된다.

모든 것은 입으로 말한 대로 된다.

모든 것은 몸으로 행동한 대로 된다.

처음부터 나누겠다는 생각을 가져야 나눌 수 있다.

"나의 사명은 내 책과 강의를 통해 모든 이에게 자기관리, 자기경영, 자기계발을 도와주는 것이다."

난 이것을 다이어리에 매주 한 번씩 쓰면서 생각하고 말하고 행동한다.

부자가 되겠다고 생각해야 부자가 될 수 있다.

나누겠다고 생각해야 나눔의 부자가 될 수 있다.

67장

대가를 바라는 나눔

옛날에 기어 다니는 앉은뱅이가 구걸하면서 간신히 살았다.

그러던 어느 날 시장에서 구걸하는 맹인을 만났다.

동병상련의 아픔이 있었기에 두 사람은 끌어안고 울면서 같이 살기로 했다.

앉은뱅이는 맹인에게 제안을 했다.

"네가 나를 업고 가면 길을 안내할게. 그럼 사람들이 서로 돕고 산다고 불쌍해서 더 돈을 많이 줄 거야"

맹인이 앉은뱅이를 업고 시장에 나타나면, 예상한 대로 서로 돕는 모습이 보기가 좋다고 두 사람에게 넉넉한 인심을 보냈다.

둘은 예전보다 먹고 살기가 좋아졌다.

하지만 앉은뱅이는 돈과 먹을 것에 욕심을 냈다.

맹인은 어차피 얼마나 받았는지 모르기 때문에 조금만 나눠주고 혼자 먹을 것을 다 먹었다.

그러다 보니 앉은뱅이는 점점 몸이 뚱뚱해지고, 맹인은 점점 약해졌다.

어느 날 두 사람은 평상시처럼 맹인이 앉은뱅이를 업고 시골 징검다리를 가다가 맹인이 힘이 빠져 쓰러져 깊은 물에 빠지고 말았다.

앉은뱅이는 수영을 할 수 없어 빠져 죽었고, 맹인은 간신히 목숨은 건졌다.

대가를 바라지 않는 나눔

'Give & Take 기브 앤 테이크'하지 말고 'Give & Give 기브 앤 기브' 해라.

주고 또 줘라.

사람들은 다 알고 있다.

그 사람이 진심으로 주는 것인지 대가를 바라고 주는 것인지.

사람들은 계속 받기만 하면 미안해서라도 주려고 한다.

진심 어린 마음으로 상대방을 생각하면서 'Give & Give 기브 앤 기브'해라.

진심은 통하게 된다.

대가를 바라는 나눔은 대가로 돌아오지 않고, 대가를 바라지 않는 나눔은 대가로 돌아온다.

전부를 나누는 나눔

지난 2015년 12월 1일.

페이스북 최고경영자인 마크 저커버그가 450억 달러(한화 52조)를 기부한다는 소식이 전 세계 언론을 강타했다.

그의 아내 프리실라 챈과 함께 페이스북 게시물에 딸 맥스의 출산을 밝히며 딸에게 보내는 편지를 공개했다.

"세상 모든 부모처럼 엄마·아빠도 네가 지금보다 나은 세상에서 살기를 원한다. 그래서 우리 앞으로 이 세상에 올 아이들의 삶을 더 나아지게 만드는 데 투자해야 할 의무를 가지고 있다. 다음 세대 모든 어린이의 잠재력과 평등 증진을 위해 아빠와 엄마는 페이스북 주식 99%를 기부할 거야."

내가 가진 99%를 기부할 수 있을까?

99%면 전 재산이다.

아무리 가진 사람이라고 하더라도 이건 존경할 만한 일이다.

나는 기부라고 해봐야 고작 '재능기부'만 생각했다.

재산을 기부한다는 건 상상도 못 할 일이다.

내 코가 석자라고 생각하기 때문이다.

주커버그 부부의 99% 기부 뉴스를 보며 많이 반성한다.

나만을 위해 살지 말고 남을 위해 살아보자.

내가 가진 것을 내 아이와 미래를 위해 전부 사회에 환원하자.

지나간 삶을 돌아보게 하고 앞으로 삶을 다시 생각하게 해준 주커버그에게 감사인사를 한다.

'지혜로운 사람'과 '지식이 많은 사람'의 차이

지식이 많은 한 남자가 있었다.

그 남자는 어느 날 신문을 읽다가 깜짝 놀랐다.

멀쩡하게 살아 있는 자신이 사망했다는 기사였다.

"죽음의 장사꾼, 숨지다."라는 제목의 이 부고기사는 다이너마이트를 발명한 알프레드 노벨 자신을 전쟁터에서 수많은 사람들의 목숨을 앗아간 대가로 부자가 된 '죽음의 장사꾼'으로 비하하고 있었다.

노벨은 자신의 지식을 축적해 오랫동안 심혈을 기울여 다이너마이트를 만들었다.

하지만 아까운 생명들을 죽이는 살상무기가 된 사실에 큰 충격을 받고 다이너마이트를 발명한 것을 후회하기 시작했다.

결국 자신의 전 재산을 노벨재단의 전신인 스웨덴과학아카데미에 기부했다.

그렇게 노벨상이 탄생하였다.

노벨상은 무엇보다 자신의 지식으로 세상에 유익을 끼친 '지혜로운 지식인'들을 기르고 격려하는 상으로 지금까지 내려온다.

지혜로운 사람과 지식인 많은 사람은 어떻게 다를까?

'지식'이란 사물이나 사건에 대한 객관적인 정보 그 자체이다

그래서 우리는 많은 정보를 가진 사람을 해박한 지식인이라고 한다.

하지만 아무리 많은 정보와 해박한 지식을 가진 사람이라도 그 지식이 다른 사람에게 유익을 끼치거나 긍정적인 영향력을 줄 수 없다면 사람들은 진정한 지식인으로 보지 않는다.

다시 말해 '지혜'는 타인을 생각하는 따뜻하고 아름다운 지식이다.

지혜로운 사람은 지식을 다른 사람들에게 유익이 되도록 사용할 수 있는 능력을 가진 사람이다.

지식인은 정보를 가진 사람이고, 지혜로운 사람은 그 정보를 나누는 사람이다.

남을 도와 줘라. 나의 가치를 알게 된다

남을 돕는 사람치고 쓸모없는 사람은 없다.

－찰스 디킨즈

누구나 다른 사람을 진심으로 돕고자 하면, 그 자신도 도움을 받게 되니 그보다 아름다운 보상이 또 있으랴.

－랄프 왈도 에머슨

남을 도와 줘라. 그러면 나의 가치를 알게 된다.

인간은 누군가에 도움이 된다고 느낄 때 자기 가치를 실감한다.

봉사해라. 자신이 더 배우게 된다.

나는 리더십 코스를 여러 군데 수료했다.

그중 한 곳에서 마지막 수업 내용 중에 봉사과제를 발표하는 시간이 있었다.

봉사가 리더십 향상에 도움이 되기 때문이다.

그냥 발표만 하는 것은 의미가 없다.

진짜 봉사를 하고 발표해야 내 것이 된다.

봉사는 너무 크게 생각하면 부담이 돼서 못 한다.

사소하고 작은 것도 봉사다.

그 당시 봉사 발표 내용이다.

여러분, 봉사활동을 많이 하시나요?

저는 일이 바쁘다는 핑계로 봉사활동을 못 하고 있습니다.

그래서 먼저 가족에게 봉사했습니다.

집사람한테는 밥 차리기 봉사, 아이들에게는 책을 읽어주기 봉사입니다.

집사람과 아이들이 너무 좋아해서 행복했습니다.

아빠 역할을 다하는 느낌이라 좋았습니다.

봉사를 하면서 내가 더 배웠습니다.

내가 남을 행복하게 해주고, 남을 위해 내가 할 수 있는 일이 있다는 것이 행복하다는 것을 배웠습니다.

"남아서 나누는 것이 아니라 나누면 남는다."

나눔 마인드를 위해 꼭 실천하고 싶은 것을 쓰세요.
예) 재능기부 강의, 무재칠시(無財七施) 실천하기(가진 것이 없어도 베풀 수 있는 것 7가지: 미소 나눔, 따뜻한 눈길 나눔, 칭찬 나눔, 마음 나눔, 몸 나눔, 자리 나눔, 보살핌 나눔)

대화의 갑이 되는 약_경청

높은 곳에 있는 사람이 알아야 할 것

높은 곳에 올라가 글씨를 쓰는 사람이 있었다.

본인 글씨가 삐뚤어질까 봐 걱정을 한다.

낮은 곳으로 내려가서 잘되었는지를 확인하고 다시 올라가 글씨를 쓴다.

왔다 갔다 엄청 힘들다.

낮은 곳에 있는 사람이 글씨가 삐뚤어졌는지 봐주었다.

왔다 갔다 하지 않아도 글씨를 바르게 쓸 수 있었다.

내가 내려가서 봐주고, 낮은 곳에 있는 사람을 높은 곳에 올려 글씨를 쓰게 했다.

내가 쓰는 것보다 훨씬 잘 썼다.

모든 것이 마찬가지다.

높은 곳에서 일할 때는 무엇이 삐뚤어졌는지 알 수 없다.

방법은 낮은 곳에 있는 사람에게 부지런히 물어보는 것이다.

더 중요한 건 낮은 곳에 있는 사람의 말에 따르는 것이다.

높은 곳에서 일하는 리더가 되고 싶다면 함께 일할 사람이 필요하다.

내가 못 하면 밑에 사람에게 물을 줄도 알아야 하고, 밑에 사람이 잘하면 그 사람을 높일 줄도 알아야 한다.

자세를 아래로 하고 들어라

영어에서 이해한다는 말은 understand.

직역하면 '상대방의 아래에 서다.'는 뜻이다.

위에 있으면 이해하지 못하고, 아래에 있어야 상대방을 이해할 수 있다는 말이다.

아래에 있는 자세는 겸손한 자세다.

내 말만 해서는 이해할 수도, 이해시킬 수도 없다.

이해하려면 경청해야 한다.

경청의 자세는 위가 아니라 아래다.

'understand.'

내 말만 하는 사람을 우리는 '꼰대'라고 한다.

꼰대들은 위에 있는 사람들이 많다.(다 그런 건 아니다.)

'아재'와 '꼰대'의 차이는 무엇인가?

썰렁 개그라도 해서 소통하려고 노력하면 '아재'고, '요즘 젊은 것들은…….' 하면서 위에서 가르치려 들면 '꼰대'다.

'아재'는 그래도 젊은 사람들을 이해하려고 하는 사람이고, '꼰대'는
젊은 사람들 위에 위치해서 아래 사람을 무시하는 사람이다.

'꼰대'가 되지 않는 6하 법칙

누가: '내가 누군지 알라?'라고 말하지 않고, '네가 누군지 궁금한데?'라고
말한다.

무엇을: '뭘 안다고 그래.'라고 말하지 않고, '나 좀 알려줘.'라고 말한다.

어디서: '어딜 감히.'라고 말하지 않고, '어디 가니? 같이 갈래?'라고 말한다.

언제: '내가 왕년에.'라고 말하지 않고, '언제 내가 밥 살게.'라고 말한다.

어떻게: '어떻게 나한테.'라고 말하지 않고, '어떻게 하면 너를 감동시킬 수 있
을까.'라고 말한다.

왜: '내가 그걸 왜 해.'라고 말하지 않고, '왜 그렇게 멋지니?'라고 말한다.

73정

대화란 말하는 것이 아니라 듣는 것

대화란 내가 말하는 것이 아니라 상대방이 말하는 것이고, 그 말하는 것을 듣는 것이 대화다.

상대방이 말을 하고 내가 인정– 공감– 표현하는 순간, 한 사람이 내게 들어온다.

사람들이 남의 말을 듣지 않는 이유를 아는가?

내 말을 하고 싶기 때문이다.

사람들은 착각에 빠진다.

내가 말을 해야 대화를 주도해 나간다고 말이다.

영업을 하는 두 남자가 있다.

한 남자는 만나자마자 상품 설명하느라 바쁘다.

세상에서 이보다 좋은 상품은 없다고 자기 말만 계속한다.

설명을 안 하면 계약을 못 할 것 같아 두렵다.

또 다른 남자는 만나자마자 안부– 아부– 기부를 한다.

안부.(잘 지내셨어요? 요즘 어떠세요?)

아부.(얼굴이 더 좋아지셨네요. 비법 좀 알려 주세요.)

기부.(오다가 맛집이 있어 조그만 거 하나 사왔습니다.)

상대방의 장점을 배우려고 계속 물어본다.

상품 설명은 아예 안 하고 듣기만 한다.

나중에 두 남자 중 계약을 성사시킨 사람은 누구일까?

첫 번째 사람이 만나자고 하면 전화도 받지 않는다.

이유는 상품 설명에 질렸기 때문이다.

계약은 두 번째 사람한테 한다.

이유는 이 사람과 만나면 고객이 자기 말을 너무 많이 해서 미안하다고 하면서 계약을 해준다.

인생은 영업이다.

74정

토킹 스틱(talking stick)의 힘

북아메리카에 이로코이족이라는 인디언이 있다.

그들에게는 '토킹 스틱(talking stick)'을 들고 하는 회의가 있다.

이 회의는 스틱을 가진 사람만이 말을 할 수 있는 법칙이 있다.

어떤 사람도 끼어들 수 없다.

스틱을 가진 사람의 이야기가 사람들에게 정확하게 이해되었는지 확인 후에 다른 사람이 스틱을 잡고 말할 수 있다.

이 회의의 장점이 세 가지가 있다.

첫 번째는 한 사람만 말하기 때문에 자연스럽게 경청의 분위기가 조성된다.

두 번째는 말하는 사람은 아무런 방해 없이 혼자 충분히 이야기할 수 있다.

세 번째는 골고루 돌아가면서 이야기할 수 있다.

토킹 스틱의 힘은 어디서 나오는가?

바로 끼어들지 않고 경청하는 자세이다.

토킹 스틱에게 배운다.

토킹 스틱을 들고 말하는 훈련을 할 수 있다.
상대방을 이해시킬 수 있는 능력을 훈련할 수 있다.
듣는 사람은 경청 훈련을 할 수 있다.

우리는 토킹 스틱을 잡는 것 자체를 두려워한다.
남 앞에 나가 이야기하는 자체를 싫어하기 때문이다.
토킹 스틱을 잡고 말을 잘하는 기가 막힌 방법이 한 가지 있다.
알고 싶은가?
바로 계속 잡는 연습을 하는 것이다.
토킹 스틱의 본래 의미를 경청에 있다고 한다.
토킹 스틱을 잡아 본 사람만 경청을 잘할 수 있다.
듣는 사람은 듣고 있다고 다 듣는 것이 아니다.
제대로 들어줘야 토킹 스틱을 가진 사람의 말을 100%로 이해할 수 있다.

제대로 경청하는 방법은 무엇일까?

관심을 갖고 경청하고, 눈을 보면서 경청하고, 고개를 끄덕이며 경
청하고, 맞장구 소리를 내면서 경청한다.
이런 방법으로 경청하면 아무리 재미없는 이야기도 내 것으로 만들
어 이해할 수 있다.

경청의 태도

모 방송국에서 대학생 모의 면접 실험을 했다.

면접관 4명, 취업준비생 4명.

방송국에서 섭외한 면접관들은 면접이 진행되는 동안 긍정적인 반응과 부정적인 반응을 번갈아 한다.

그리고 부정적인 반응과 긍정적인 반응이 말하는 사람에게 끼치는 영향을 알아보기로 했다.

예를 들어 인터뷰 초반에 면접자의 대답을 잘 듣다가 적절한 시기에 두 가지 반응을 했다.

부정적 반응 : '쳇.' 하고 혀를 찬다. 한숨을 쉰다. 기분 나쁜 표정을 짓는다. 시선을 피한다. 지루한 표정을 한다. 썩소를 보낸다.

긍정적 반응 : '아하.' 하고 고개를 끄덕인다. 웃어 준다. 몸을 앞으로 내밀어 준다. 호의적인 표정을 짓는다. 눈을 마주친다.

부정적 반응 결과

"말하는데 면접관 비웃음 소리가 연속으로 2번 나오니까 제 스스로 무너지더라고요."

"면접관이 고개를 갸우뚱거리니까 말을 못 하겠더라고요."

"면접관이 혀 차는 소리를 들으니까 제 목소리가 작아지더라고요."

긍정적 반응 결과

"면접관이 '아……'라고 해주니까 말을 더 잘하게 되더라고요."

"면접관이 고개를 끄덕이면서 웃어주니 말할 때 신이 나더라고요."

TV 시사 프로그램이나 예능 프로그램을 가끔 보면 청중들이 오버해서 박수치고 함성을 지르고 웃는 경우를 본다.

별로 신기한 내용도 아닌데 방청객들은 '와……' 하고 소리를 낸다.

심지어는 청중이 없는데도 가짜 박수, 가짜 웃음소리를 넣기도 한다.

그럼 말하는 사람은 신이 나서 더 열심히 말을 한다.

방송을 보는 사람도 프로그램에 완전히 빠져 재미있게 보게 된다.

왜 이런 상황들이 벌어질까?

방송은 어차피 연출이다.

이왕이면 게스트의 말이 재미있어야 프로그램이 살기 때문이다.

그래서 방청객을 동원해 과도한 리액션을 연출한다.

방송을 하는데 갑자기 방청객 한 사람이 전화를 받으러 나간다고 생각해보자.

완전 NG다.

또 어떤 사람이 옆 사람과 잡담을 해보자.

말하는 사람은 당황해서 이야기할 기분이 안 날 것이다.

방송뿐만 아니라 평상시 대화에서도 마찬가지다.

나의 리액션, 경청, 호응은 전체적인 분위기를 살릴 수도 있고 죽일 수도 있다.

말을 말이 하면 지배자가 되고, 경청을 많이 하면 주도자가 된다

고개를 자주 끄덕이며 듣는 사람은 그렇지 않은 사람에 비해 말하는 사람으로부터 4배 더 많은 정보를 이끌어 낸다.

– 제임스 보그 [그녀는 몸으로 말한다]

남을 잘 웃기는 사람 곁에 열이 모인다면, 남의 말에 하하 잘 웃어주는 사람 곁엔 스물이 모인다.

– 정철 [한 글자]

말을 잘하는 사람은 대화를 '지배하지만', 듣기를 잘하는 사람은 대화를 '주도한다.'

– 제프리 메이어 [시간관리 성공의 열쇠를 찾아서]

사람들에게 묻는다.

'갑'이 되고 싶은가? '을'이 되고 싶은가?

누구나 '갑'이 되고 싶다고 말한다.

하지만 갑질은 금물이다.

대화의 갑은 누구인가?

경청하는 사람이다.

대화에서 갑질하는 사람은 누구인가?

자기 말만 하는 사람이다.

77장

'침묵의 날'을 정해라

세계적인 베스트셀러 [넛지]의 작가인 캐스 선스타인 미국 하버드 대학교 교수는 경청을 '침묵'으로 표현했다.

"리더의 침묵이야말로 팀의 의사결정에 중요한 요건이다."

말을 하지 않음으로써 성과를 높일 수 있다면 그게 바로 리더가 해야 할 일 아닌가.

한 달에 하루만 실천해보자.

회사에서는 '보스 침묵의 날'

가정에서는 '아빠 침묵의 날'

학교에서는 '선생님 침묵의 날'

이날이 바로 진정한 '경청의 날'이고, 이날이 진정한 리더가 되는 날이다.

아이들과 수업하다가 정신이 없고 산만해서 침묵 게임을 했다.

집중력과 바른 자세를 기를 수 있을 것 같아 시작했다.

말하지 않는 것을 힘들어하는 아이도 게임이기 때문에 즐거워한다.

처음에 10초, 나중에 1분 이상으로 늘려나간다.

처음에 눈을 뜨고, 나중에 눈을 감고 해본다.

서로 자신은 조용히 했고, 상대방이 말해서 이겼다고 말한다.

말하지 않아도 상대방을 이길 수 있다.

말하지 않으면 상대방의 말이 들린다.

경청 4단계

경청 1단계: 집중

하던 일을 멈춰라.

모든 힘을 쏟아라.

눈을 봐라.

집중하지 않는데 누가 좋아하겠는가.

경청 2단계: 맞장구

복사화법을 사용해라.(상대의 말을 따라 해라.)

고개를 끄덕여라.

공감해라.(헐, 대박, 진짜, 웬일이니?)

요점을 정리해줘라.

경청 3단계: 침묵

스스로 정리하고 말할 때까지 기다려준다.

대화는 내가 말하는 것이 아니라 상대가 말하는 것이다.

경청 4단계: '그리고' 화법

설득하고 싶다면 '그러나' 하지 말고 '그리고'로 말해라.

내 생각을 말할 때는 부정적인 말을 하지 말고 긍정적인 말로 해라.

경청 4단계 = 집중 ⇒ 맞장구 ⇒ 침묵 ⇒ '그리고' 화법

"비싸요." 처리방법

고객이 내가 팔고자 하는 물건을 비싸다고 말한다.
하지만 나는 그 상품을 팔아야 한다.
당신은 어떻게 설득하겠는가?

"비싸지만 그만큼 가치가 있습니다."
'비싸다'라는 말이 들어가면 비싸다고 인식한다.
'하지만'이란 말이 들어가면 사람들은 자기 말에 반박한다고 생각한다.

[그리고 화법]

"네, 맞습니다."(긍정)
"저렴하지는 않습니다."(비싸다는 말이 없기 때문에 비싸다고 생각하지 않는다.)
"그리고"('그러나'라고 반박하지 않았기 때문에 내 말을 듣는다.)
"이 상품을 쓴 사람들은 정말 좋았다고 말합니다." (긍정)

경청 10계명

1. 침묵하고 침묵해라.

2. 말하는 사람을 편하게 해줘라.

3. 말하는 사람에게 당신의 이야기를 듣고 싶다고 말해라.

4. 산만한 환경을 없애라.

5. 말하는 사람의 감정을 읽어라.

6. 내가 하고 싶은 말은 참아라.

7. 내 감정을 억제해라.

8. 반박은 상대방의 말을 인정해주고 해라.

9. 질문으로 상대방이 말하게 해라.

10. 눈을 보고, 고개를 끄덕이고, 맞장구 소리로 들어라.

– 데이비스 K. Davis의 '훌륭한 청취를 위한 10계명'

경청의 바른 자세 10가지

1. 팔짱을 끼고 들으면 상대와 싸우자는 말과 같다.

2. 다리를 꼬고 들으면 상대방은 주눅이 들어 말하지 못한다.

3. 몸을 뒤로 하지 말고, 상대방 쪽으로 약간 기울인 자세를 취한다.

4. 눈을 보면서 듣는다.

5. 눈썹을 올리면서 듣는다.

6. 미소를 지으면서 듣는다.

7. 따뜻하고 부드러운 시선으로 듣는다.

8. 편안하고 자연스러운 자세로 듣는다.

9. 진지한 자세로 듣는다.

10. 말을 중간에 자르지 않는다.

듣지 못하면 말도 못 한다

우리는 듣지 못하는 사람을 청각장애인이라고 한다.

'어린이에게 청각 문제는 언어를 배우는 능력에 영향을 미칠 수 있으며, 성인에게는 업무와 관련된 문제를 발생시킬 수 있다. 일부 나이가 많은 사람들에게 발생하는 청각장애는 고독감을 느끼게 하기도 한다.'(사전 인용)

듣지 않으면 말도 못 한다.

듣지 않으면 우울증도 걸릴 수 있다.

듣지 않으면 일도 못 하는 사람이 된다.

상대방의 말을 들을 줄 알아야 내 말도 할 수 있다.

상대방의 말을 들어야 고독하지 않다.

상대방의 말을 들어야 리더가 될 수 있다.

경청 체험

5명이 한 팀이 된다.

한 사람씩 5분간 말할 수 있다.

4명은 듣기만 한다.

듣는 사람에게 임무를 준다.

- 듣다가 중간 중간 말을 끊어라.
- 산만하게 듣는다.
- 듣다가 화제를 바꾼다.
- 듣다가 다른 사람과 이야기한다.

서로 말하기 체험을 한 후 소감을 들어본다.

"정말 경청을 제대로 안 해주니 말하기가 너무 힘들더라고요. 앞으로 다른 사람이 말하면 잘 들어줘야겠다는 생각을 했습니다."

인생 '경청' 마인드 솔루션

"대화란, 말을 하는 것이 아니라 듣는 것이다."

경청 마인드를 위해 꼭 실천하고 싶은 것을 쓰세요.
예) 질문하고 듣기만 하기, 리액션 연습하기

모든 것을 시작할 때 필요한 약-믿음

시작하려면 믿어라

우리는 스스로 할 수 있다고 믿는 것만 한다.

할 수 없다고 믿는 것은 시도조차 하지 않는다.

아무리 좋은 것도 내가 할 수 있다고 믿어야 한다.

할 수 없다고 믿는 것도 믿음이다.

이 나쁜 믿음은 도전을 못 하게 만든다.

도전하려면 나를 믿어라.

내가 진실이라고 믿는 것은 실제 진실이 된다.

인생에서 가장 중요한 것은 무엇을 믿는가이다.

가능하다고, 또는 불가능하다고 믿는 것은 나의 행동을 결정한다.

그 믿음이 성공을 좌지우지한다.

나를 믿지 않는 사람은 남도 믿지 않는다.

기본 중에 기본이 나를 믿는 것이다.

믿음이 있어야 믿음이 생긴다.

믿지 않는데 믿음이 생기겠는가.

믿음은 믿는 데서 생긴다.

당신을 믿어라.

그럼 시작할 수 있다.

나는 나를 믿는다.

나는 책을 만 권 읽을 것이다.

나는 책을 100권 쓸 것이다.

나는 매일 강의를 통해 사람들을 도와줄 것이다.

나는 행복한 사람이다.

할 수 없다고 믿으면 할 수 없다.

할 수 있다고 믿으면 할 수 있다.

성공하려면

하고 싶고, 내가 잘하고, 좋아하는 일을 해야 한다.

그리고 생각만 하지 말고 지금 당장 시작해야 한다.

시작하지 못하는 이유는 나를 믿지 못하고, 그 일을 믿지 못하기 때
문이다.

모든 것의 시작은 '믿음'

공부를 잘하는 철칙

철칙 1. 선생님이 하는 말을 무조건 믿는다.

철칙 2. 만약 선생님의 말이 이해가 안 가면 '철칙 1'을 적용한다.

[메타생각]의 임영익 저자가 수학을 배우는 학생에게 수업 전에 하는 말이다.

나도 강의 전에 항상 "플라시보 효과", "노시보 효과"에 대해 말해주고 시작한다.

"플라시보 효과"=의사가 환자에게 가짜 약을 투여하면서 진짜 약이라고 하면, 환자의 믿음 때문에 병이 낫는 현상을 말한다. 이것은 제2차 세계 대전 중 약이 부족할 때 많이 쓰였던 방법이다.

"노시보 효과"=플라시보 효과의 반대다. 진짜 약을 처방해도 그 약이 해롭다고 생각하거나 효과가 없을 것이라는 환자의 부정적인 믿음 때문에 약효가 떨어지는 현상을 말한다.

의사들이 어떠한 처방을 내려도 환자들은 대부분 믿고 따른다.

왜 그럴까?

의사들의 권위를 믿기 때문이다.

믿는 사람에게만 효과가 있다.

진실은 믿으면 진실이고, 안 믿으면 진실이 아니다.

프랑스의 어느 약국에서 일어난 일이다.

한 남자가 배가 몹시 아파 잠을 잘 수가 없었다.

자정이 넘은 시간에 병원도 약국도 모두 문을 닫은 시간이었다.

너무나도 급한 나머지 약국의 문을 두들겨 잠자고 있는 약사를 깨워 약을 달라고 애원했다.

하지만 그 당시 처방전이 없으면 약을 줄 수 없었다.

약사는 그 남자가 너무 안타까워 약을 주었다.

그 다음 날 약을 먹은 남자는 약사를 찾아와 고맙다는 인사를 했다.

"약사님 감사합니다. 주신 약을 먹고 바로 잠을 잘 수 있었습니다. 그 약은 무슨 약인가요? 더 받을 수 있을까요?"

하지만 약사가 준 약은 아무 성분도 없는 밀가루였다.

이 이야기는 자기암시의 대가 에밀 쿠애 박사가 약사 시절 경험한 일이다.

에밀 쿠애 박사는 배를 치료한 것은 약이 아니라, 자신의 믿음이라는 것을 확신하고 연구를 시작했다고 한다.

진 박사가 인생 처방을 내린다.

이 책에 나온 인생 처방 약 100정을 먹으면 당신의 '마인드'가 달라질 것이다.

믿는가?

행복은 믿음에서 나오고, 진리는 질문에서 나온다

니체는 자신의 여동생에게 쓴 편지에서 다음과 같이 말했다.

만약 네가 영혼의 평화와 행복을 원한다면, 믿어라.
다만 네가 진리의 사도가 되려면, 질문해라.

모든 것의 시작은 믿음에서 출발한다.
믿지 않고 투덜대는 사람은 시작할 수 없다.
나를 믿든, 상대방의 말을 믿든, 믿음이 먼저다.
더 발전하고 나아가고 싶다면 질문해라.

'YES 맨', 'NO 맨' 위에 '믿음 맨', '질문 맨'이 있다.

나에게 강의를 들은 한 분과 식사를 하는 시간이었다.
이분은 지방에 살고 있었다.

자기 지역에 나를 강사로 초청하고 싶다고 했다.

하지만 인원이 모여 있는 게 아니라 지금부터 모집해야 한다고 했다.

나는 이렇게 말했다.

"인원 모으는 게 제일 힘들죠? 인원 모으는 거 어려울 거예요!"

나를 초청한 분은 이 말을 듣고 있다가 화를 내면서 이렇게 말했다.

"동기부여 강사님이 부정적으로 말씀하시면 어떻게 해요. 강사님이 가지고 있는 강의기법은 대단합니다. 안 된다고 생각하면 안 되는 것이고, 된다고 생각하면 되는 것입니다. 모든 것의 시작은 믿음이라고 강의하지 않으셨나요?"

난 주먹으로 머리를 한 방 맞은 기분이었다.

그분에게 잘못된 나를 알게 해줘서 고맙다고 인사를 했다.

그래서 식사도 내가 사고, 커피도 내가 샀다.

나를 믿어라. 그리고 질문해라.

"내가 잘하는 것은 뭐지?"

"내가 좋아하는 것은 뭐지?"

"남에게 도움이 되는 일은 뭐지?"

행복과 진리는 믿음과 질문에서 온다.

너의 생각을 의심하지 마라

의심하지 마라.

그것 또한 공부의 매우 중요한 능력이다.

할 수 있다는 생각 자체가 실력이다.

– [미쳐야 공부다. 18시간 공부 몰입의 법칙]. 강성태

'나는 머리가 나빠서 안 돼.'

'수학은 노력해도 안 돼.'

'언어 감각이 없어서 영어를 못 해.'

안 된다고 생각하는 사고방식을 '고정형 사고방식'이라고 한다.

아무리 노력해도 능력은 고정돼 있다고 생각한다.

반대로 된다고 생각하는 사고방식을 '성장형 사고방식'이라고 한다.

노력하면 능력이 성장한다고 생각한다.

여러분은 어떤 사고방식을 가지고 있는가?

당신의 능력을 의심하지 마라.

다른 사람도 하는데 나라고 못 할 게 뭐가 있는가.

당신은 할 수 있다.

나는 독서로 인생을 바꿀 수 있다는 것을 의심하지 않는다.

나는 책 쓰기로 인생을 만들 수 있다는 것을 의심하지 않는다.

나는 강의로 남도 성장시키고, 나도 성장할 수 있다는 것을 의심하지 않는다.

내 인생의 전성기는 60세에 온다는 것을 의심해본 적이 한 번도 없다.

하면 된다.

할 수 있다.

세상에 안 되는 것은 없다.

안 된다고 생각하니까 안 되는 것이다.

된다고 생각하면 안 될 일도 된다.

믿음 자체가 당신을 성장시킨다.

믿음 자체가 당신의 실력이다.

85장

나도 나를 못 믿는데, 남이 나를 믿겠는가

자기 자신을 믿는 것이 성공을 보장하지 않지만, 자신을 믿지 못하면 분명히 실패한다.

– 앨버트 반두라

생각은 있어도 생각대로 자연스럽게 행동하지 못하는 이유는 생각이 믿음으로 바뀌지 않았기 때문이다.

– [진성리더십] 윤정구

자기 자신을 믿으면 남들도 나를 믿어준다.

– 그레이엄 그린

할 수 없다고 생각하면 할 수 없고, 할 수 있다고 생각하면 할 수 있다.

나도 나를 못 믿는데, 남이 나를 믿겠는가?

내 생각을 믿어야 그 생각이 행동으로 바뀐다.

생각을 생각하고, 생각을 믿고, 생각을 행동하면 반드시 생각대로 되진 않지만, 그 생각을 믿지 않으면 생각대로 되지 않는다.

요즘 무슨 생각하세요?
그 생각이 나를 만든다는 것을 믿어보자.

누군가는 비웃고, 누군가는 가슴이 뛴다

한 남자가 있었다.

그 남자는 직원들과 새 목표, 새 프로젝트를 진행하면서 부정적인 생각들과 싸우느라 먼저 지쳐버리기 일쑤였다.

그때마다 그 남자는 이렇게 말하곤 했다.

"매장 10개 가진 회사가 매장 300개를 꿈꾸면 누군가는 비웃고, 누군가는 흥분한다. 매장 300개를 보고도 매장 3,000개를 말하면 누군가는 포기하고, 누군가는 가슴이 뛴다. 도시락을 팔아서 대기업이 될 수 있다고 말하면 누군가는 돌아서고, 누군가는 상장(上場)을 생각한다. 나는 한계를 느끼지 않았다. 나는 항상 새로운 계획에 흥분하고 가슴이 뛴다."

그 남자는 빈손으로 10년 만에 순자산 4천억 원을 번 김승호 회장이다.

아프리카에서 신발을 팔라고 하면 누군가는 비웃고, 누군가는 가슴이 뛴다.

독서 만 권을 읽고 싶다고 하면 누군가는 비웃고, 누군가는 가슴이 뛴다.

책 쓰기 백 권을 하고 싶다면 하면 누군가는 비웃고, 누군가는 가슴이 뛴다.

매일 특강료 1,000만 원을 받고 싶다고 하면 누군가는 비웃고, 누군가는 가슴이 뛴다.

세계 일주를 하고 싶다면 하면 누군가는 비웃고, 누군가는 가슴이 뛴다.

어마어마한 일을 하고 싶다고 하면 누군가는 비웃고, 누군가는 가슴이 뛴다.

당신은 비웃는 스타일인가? 아니면 가슴이 뛰는 스타일인가?

가슴 뛰는 일이 정말 좋아하는 일, 잘하는 일, 남에게 도움이 되는 일이라면 그 일로 뭔가 일을 낼 수 있다.

모든 것은 믿는 사람의 것이다.

'척'해라. '척'대로 된다

[스캔들]이라는 영화에 이런 가사가 나온다.

'사랑인 척했더니 진짜 사랑이 되었다.'

처음에는 장난으로 친구와 내기 때문에 한 여인에게 접근해 사랑하는 '척'을 했다.

하지만 시간이 지나자 '진짜 사랑'이 되어버렸다.

'척'이라도 해라.

'척'하다 보면 마음까지 생기게 된다.

'일체유심조(一切唯心造, everything depends on the mind)'

들어 보았는가?

[화엄경]의 핵심사상을 이루는 말로 "세상사 모든 일은 마음먹기에 달려 있다."는 뜻이다.

다시 말해 모든 것은 믿기 나름이란 말이다.

좋아하는 척해라. 그 사람을 좋아하게 된다.

감사한 척해라. 감사한 마음이 생긴다.

부자인 척해라. 부자 마인드가 생긴다.

친한 척해라. 그 사람이 내 편이 된다.

웃는 척해라. 행복한 마음이 생긴다.

기쁜 척해라. 기쁜 마음이 생긴다.

잘하는 척해라. 점점 잘하게 된다.

기분 좋은 척해라. 기분 좋은 일만 생긴다.

멋진 척해라. 점점 멋있어진다.

독서하는 척해라. 독서습관이 만들어진다.

꿈이 이루어진 척해라. 그 꿈대로 살고 있게 된다.

척+진심까지 더하면 완전체가 된다.

믿는 척해라. 믿는 대로 된다.

당신 믿음이 당신을 만든다

NLP(neuro linguistic programming, 신경 언어 프로그래밍) 전문가인 로버트 딜트 교수는 신념을 논하면서 다음과 같이 말했다.

"어떤 일이 그렇게 될 것이라고 믿을 때, 그 일은 믿은 그대로 이루어진다."

투자의 현인 워런 버핏은 이렇게 말했다.

"나는 언제나 내가 부자가 될 것이라는 사실을 알고 있었다. 한순간도 그 사실을 의심해본 적이 없다고 생각한다."

당신은 왜 사는가?

당신은 누구인가?

당신이 하는 일은 무엇인가?

당신이 하는 일이 잘될 거라 생각하는가?

당신은 왜 그 일을 하려고 하는가?

당신은 당신을 믿는가?

자신 있게 큰 소리로 막힘없이 말할 수 있을 때 당신이 하는 일에 대해 확신을 갖고 믿고 있는 것이다.

당신 생각이 당신을 만든다.
당신 믿음이 당신을 만든다.
당신을 행동하게 하는 것은 될 것이란 믿음이다.

'난 할 수 있다.'라고 믿어라

프레스코트 레키 박사는 성공과 실패는 자신감에 달려 있다는 사실을 실험을 통해 밝혀냈다.

레키 박사는 장기간 연구를 통해 학업실패자들이 마음속으로 이렇게 중얼거리는 습관이 있다는 사실을 밝혀냈다.

"나는 멍청이인가 봐."

"난 원래 영어에 약해."

"난 수학 방정식이 부족해."

심리학자 콜린스 역시 학생들의 수학 성적은 수학적 자질보다 그에 대한 믿음이 더 크게 좌우한다는 사실을 실험으로 밝혀냈다.

수학능력이 동등하더라도 '수학을 잘할 수 있다.'는 믿음을 갖고 있는 학생은 그렇지 않은 학생들에 비해 시간이 갈수록 현저하게 수학 성적이 높아진다는 사실을 발견한 것이다.

'나는 책을 쓸 수 없는 사람이야!'라고 자기를 규정하면 틀림없이 이 사람은 책을 쓸 수 없는 사람이 된다.

바꿔보자.

'나는 누구보다도 책을 쓰는 소질이 있는 사람이다.'

틀림없이 책을 쓰게 될 것이다.

세네카는 이렇게 말했다.

"우리가 어떤 일을 감히 하지 못하는 것은 그 일이 어렵기 때문이 아니라, 어렵다는 생각에 사로잡혀 그 일을 시도하지 않기 때문이다."

변화하고 싶고 성공하고 싶다면 꼭 해야 되는데 자신이 없어 못 하는 일을 찾아내라.

그리고 찾아낸 것을 '할 수 있다.'로 바꿔라.

믿음이 성공의 시작이다.

자신감이 없어 못 하고 일는 일: '할 수 있다.'로 다시 써보자.

파스의 효과

한밤중에 할아버지가 일어나더니 말했다.

"할멈, 허리가 너무 아파, 파스 좀 붙여줘."

할머니는 귀찮지만 어두운 방안을 더듬거려 겨우 파스를 찾아 붙였다.

할아버지는 할머니가 붙여 준 파스 덕분에 밤새 편히 잠을 잘 잘 수 있었다.

그런데 아침에 할아버지가 붙은 파스를 보고 깜짝 놀랐다.

허리에 붙은 파스에 이런 글이 쓰여 있었기 때문이다.

"중화요리는 북두칠성에 주문해주세요. 전 지역 10분 내 배달해 드립니다."

사람들은 자기관리가 안 돼서 배우고 싶다고 나에게 찾아온다.

그래서 나는 자기관리 비법을 알려준다.

그런데 알고는 있지만 실천이 어렵다고 말한다.

왜 그럴까?

믿음이 부족해서이다.

강사인 내가 믿음을 못 줘서이고, 수강생이 나를 못 믿기 때문이다.

모든 것은 믿음이다.

믿지 않는데 어떻게 실천하겠는가?

나만 믿고 따라와라.

코치만 믿고 따라가자.

그게 시작이다.

미루지 않게 되는 약- 실천

생각하고 행동해라

머리, 입, 손, 발 중에 머리가 맨 위에 달려 있는 이유는?

머리로 먼저 생각하고, 입으로 말하고, 손과 발로 행동하라는 뜻이다.

주의사항이 있다.

생각만 하면 머리만 커진다.

생각에는 반드시 입, 손, 발이 함께 따라가야 한다.

안 그러면 가분수가 된다.

'생각하다.'는 '행동하다.'를 수반해야 의미가 배가 된다.

늦었다고 생각할 때가 정말 늦는다.

지금부터 생각과 행동 사이에 '='를 넣어라.

'생각행동'

행동하고 생각해라

글을 쓰기 위에 컴퓨터 앞에 앉는다.

좋은 글을 쓰고 싶어 생각에 잠긴다.

'무슨 내용을 쓰지?'

아무 생각도 나지 않는다.

그냥 컴퓨터 자판을 두드리는 행동을 했다.

그랬더니 자판이 움직이면서 생각을 만들어냈다.

생각해서 행동하는 것이 아니라 행동하다 보면 생각나게 된다.

'행동생각'

92장

내일은 없고, 오늘만 있다

돈이 아까워 미용실을 못 가는 한 여자가 있었다.

그 여자가 미용실을 지나가고 있는데 마침 이벤트를 하고 있었다.

"오늘은 펌 10만 원, 내일은 공짜."

이 여자는 이 기회를 놓칠 수 없었다.

그래서 공짜로 펌을 하기 위해 다음 날 아침 일찍 가서 펌을 하기로

했다.

하지만 다음 날 아침에 미용실 앞에는 이렇게 적혀 있었다.

"오늘은 펌 10만 원, 내일은 공짜"

이 여자는 내일을 기다리다가 평생 펌을 못 하고 살았다.

'언제 밥 한번 먹어요.'라고 말하는 사람 치고 밥을 같이 먹는 사람

은 없다.

'언제 밥 한번 먹어요.'라고 말하는 사람과 밥을 먹는 방법이 있다.

바로 밥 먹는 날을 잡으면 된다.

그 일을 하는데 최고의 날은 '오늘.'

그 일을 하는데 최악의 날은 '내일.'

'우리에겐 내일이 있다.'라고 희망을 갖고 사는 사람들이 많다.

오늘을 소중하게 생각하지 않는 사람에겐 내일도 없다.

세상에서 가장 중요한 때는 언제인가? 바로 지금 이 순간이다.

세상에서 가장 중요한 사람은 누구인가? 바로 오늘 만나는 사람
이다.

세상에서 가장 중요한 일은 무엇인가? 바로 오늘 하고 있는 일이다.

최고의 날을 살고 싶은가? 최악의 날을 살고 싶은가?

내일은 없다. 오늘만 있을 뿐이다.

지금 당장 즉시 하자.

꼭 즉시, 반드시 될 때까지 하자.

인생의 선택 '지금 하느냐, 평생 하지 않느냐'

우리는 오늘 할일을 내일로 미룬다.

한번 미룬 일은 계속 미룰 가능성이 높다.

내일로 미룬 일은 평생 하지 않을 수 있다.

아니라고 우기지만 그게 현실이다.

꼭 해야 할 일인데 자꾸 미루고 있다면 이렇게 생각해라.

'지금 하지 않으면 평생 안 한다. 지금 당장 하자.'

나는 아이디어나 할 일이 떠오르면 핸드폰 메모장에 적는다.

그 메모를 아침, 점심, 저녁에 한 번씩 확인한다.

그리고 '나를 살리고 변화시키는 자기관리 다이어리'에 옮겨 적는다.

할 일을 완료했으면 메모를 지운다.

못 했으면 그대로 놓는다.

못 하고 미룬 일이 점점 쌓인다.

덕분에 스트레스도 함께 쌓인다.

지금 못 하고 계속 미룬 일은 평생 못 한다.

평생 미루지 않고 사는 방법이 있다.

못 한 일 목록을 다 지워버리고 잊는 것이다.

모든 것은 정리가 필요하다.

그리고 새롭게 다짐해라.

'지금 하지 않으면 평생 못 한다.'

'들이대'학교 '저질러'학과 '뒷수습' 전공 신입생 모집

생각보다 행동을 먼저 하는 '들이대'학교.

실패를 즐기는 '저질러'학과.

실패에서 배우는 '뒷수습' 전공.

명예총장 '김흥국 연예인.'

총장 '유영만 교수.'

학과장 '고 최윤희 강사.'

학생 '진낙식' 추가모집 중.

경쟁대학 '걱정대학', '두려워'학과, '도망가' 전공

슬로건 '즉시 한다. 반드시 한다. 될 때까지 한다.'

지정도서 '이민규 저자의 [실천이 답니다].'

교훈 '행동하지 않으면 아무것도 얻지 못한다.'

연구원 '송수용, [들이대 DID] 연구가.'

명언 '들이대다 실패하면 50% 실패지만, 들이대지 않으면 100% 실

패다.'

성공하고 원하는 것을 얻으려면 걱정하지 말고 일단 들이대고 두려워하지 말고 저질러야 한다. 실패했다면 도망가지 말고 뒷수습하면서 배워라.

세상에 들이대지 않고 이뤄질 수 있는 일은 아무것도 없다.
일단 결단을 내린 다음에는 들이대야 한다.
행동하면 한 만큼 얻는 게 있지만, 행동하지 않으면 아무것도 얻지 못한다.
새로운 도전은 늘 새로운 가치를 만들어준다.
지금 당장 들이대라.

나도 '들이대'학교, '저질러'학과, '뒷수습' 전공에 입학하고 싶다.
풋살장이 처음으로 우리 지역에 들어와 유행이었던 시절이 있었다.
나는 풋살장을 하고 싶었다.
난 결국 못 했다. 하지만 다른 사람들은 풋살장을 해서 돈을 번다.
난 돈이 없어 못 했다고 핑계를 댄다.

수영장 사업이 유행한다.

나는 하고 싶어 알아보러 다닌다.

교육 사업이어서 망하지 않을 거란 확신이 있다.

하지만 또 돈이 없다는 핑계로 포기한다.

들이대고 저지르고 뒷수습할 용기가 나질 않는다.

'들이대'학교 '저질러'학과 '뒷수습' 전공에 입학하자.

'아는 것'보다 중요한 것은 '하는 것'이다

인생에서 큰 위험은 어쩌면 지나치게 신중한 태도이다.

– 알프레드 아들러

역경을 이겨내는 방법은 '처음처럼' 살면 되고, 처음처럼 살기 위해서는 '수많은 처음'을 꾸준히 만드는 것이다.

– [처음처럼] 신영복

인생의 3적

쉽게 결정하지 못하는 허우적.

결정하고도 시작하지 못하는 뭉그적.

시작한 후에 자꾸 뒤돌아 보는 흐느적.

– [한 글자] 정철

시작하는 유일한 방법은 그냥 시작하는 것이다.

-[청춘경영] 유영만

일이 어려워서 못 하는 것이 아니라 시작하지 않아서 어려운 것이다.

-[시간을 지배하는 절대법칙] 앨런 라킨

해보기나 해봤어

- 현대그룹회장 고 정주영

성취와 성공을 좌우하는 핵심요소는 '알기'가 아니라 '하기'이다.

-[쿨하게 생존하라] 김호

우리가 잘 아는 인생 기본기

1. 목표를 쓰고 외치고 지금 당장 해라.
2. 시간의 가계부를 써라.
3. 독서습관을 가져라.
4. 멘토와 롤모델을 모시고 소통해라.
5. 매일하는 좋은 습관을 만들어라.(운동, 독서)

6. 인맥관리시스템을 만들어라.(번호 저장 → 문자 → 전화 → 만남
   → 식사 → 요청)

7. 말하는 연습을 해라.

8. 외적, 내적 이미지를 위해 정장을 입고, 펌하고, 미소, 인사, 대화,
   칭찬하고, 비난, 비평, 불만하지 마라.

9. 매월 은행에 가서 1만 원짜리 적금통장을 만들어라.

10. 매일 웃는 시간을 가져라.

– 진 박사 자기경영아카데미 솔루션 10가지–

인생의 기본 중에 기본은 누구나 다 '아는 것'을 '하는 것'이다.

실천은 실험이다

실험이란 '실제로 해봄'이다.

인생은 실험의 연속이다.

실제로 해보지 않으면 제대로 된 인생을 살았다고 말할 수 없다.

실험에 실패는 없고, 경험만 존재한다.

내가 했던 모든 실패는 좋은 경험이다.

겁내지 말고 인생을 실험해라.

실험은 생각으로 하는 것이 아니다.

실험은 실천으로 하는 것이다.

'실험'이란 말을 초등학교 이후에는 쓰지도 해보지도 않은 것 같다.

이유가 뭘까?

호기심이 사라졌기 때문이다.

실험정신이 없어졌기 때문이다.

실험은 과학자들이나 하는 것이라 생각하기 때문이다.

실험의 다른 뜻은 이렇다.

'새로운 방법이나 형식을 사용해 봄.'

실험을 하면 좋은 이유는 뭘까?

실험은 경험이고, 체험이라 좋다.

새로운 경험과 체험은 창의력에 도움이 된다고 한다.

그래서 창의적인 인생을 위해서는 실험을 해야 한다.

나는 실험하는 사람이다.

매일 꿈사명목표를 글로 쓰면 어떤 일이 일어날까?

매일 다이어리에 시간의 가계부를 쓰면 어떤 일이 일어날까?

매일 독서하면 어떤 일이 일어날까?

매일 롤모델 사진을 보고 그렇게 되고 싶다고 외치면 어떤 일이 일어날까?

매일 아령 운동을 하면 어떤 일이 일어날까?

매일 거울을 볼 때마다 웃으면 어떤 일이 일어날까?

매월 은행에 가서 1만 원짜리 적금 통장을 만들면 어떤 일이 일어날까?

실험은 시도 자체가 중요하다.

그리고 더 중요한 것은 그 실험을 끝까지 해내는 것이다.

그것이 바로 실천이다.

시작하면 계속하게 된다

심리학적 측면에서 보면 어떤 일을 일단 시작해서 계속해 나간다면 이미 시작했다는 사실에 내가 느끼는 어려움의 정도도 낮아진다고 한다.

물리학 측면에서 보면 어떤 물체를 움직이려면 그것이 움직이기 바로 직전에 가장 큰 힘이 들어간다고 한다.

하지만 일단 움직이기 시작하면 가속이 붙어 적은 힘을 들이고도 쉽게 움직일 수 있다.

마찬가지로 아무리 작은 행동이라도 일단 시작하면 마음이 그것을 현실로 인식하게 된다.

이것이 실천하는 방법이다.

실천하고 싶은 것이 있다면 망설이지 말고 지금 시작해라.

나는 독서습관을 실천하고 싶어서 도서관에 가서 책을 많이 빌렸다.

TV를 보면서도 책을 읽었고, 아동도서도 읽었다. 술을 마셔도 읽었고, 독서모임에 나가고, 잠잘 때는 수면제로 이용했다. 뿐만 아니라 버스나 전철을 타면 무조건 책을 읽었다.

나는 운동을 실천하고 싶어서 팔굽혀펴기 1회, 아령 들기 1회로 시작했다.

나는 일찍 일어나는 것을 실천하고 싶어서 알람을 맞춰놓고 잤고, 소리가 나면 벌떡 일어나서 물 한 잔 먹고 양치질을 했다.

나는 책 쓰기를 실천하고 싶어서 컴퓨터를 켜자마자 인터넷으로 들어가서 헤매지 않고, 글쓰기 폴더로 들어가서 무조건 자판을 두들겼다.

나는 행복을 실천하고 싶어서 매일 감사일기를 다이어리에 썼고, 거울을 보면 무조건 반사적으로 웃었다.

실천하고 싶은 것을 꼭 하는 방법은 그것에 집중하는 것이다.
집중하는 방법은 매일 그것만 생각하는 것이다.
매일 그것만 생각하는 방법이 있다.
실천하고 싶은 것을 글로 써서 책상에 앞에 붙여 놔라.
그리고 매일 외치고 지금 당장 즉시 해라.

모멘텀

우리 집 강아지(흰눈)를 밖에 내리고 나가면 꼭 하는 일이 있다.

나가자마자 화단 옆에 한쪽 다리를 들고 오줌을 싸고, 조금 있다가 대변을 본다.

그냥 자동으로 일어나는 일이다.

우리 집 강아지는 소변은 가리는데 대변은 못 가린다.

그래서 하루에 한 번 밖으로 나가 대변을 볼 수 있게 해준다.

대변 볼 수 있는 환경을 만들어 주는 것이다.

이런 말이 있다.

'말에게 물을 먹이려면 일단 물가로 데려가야 한다.'

목이 마르지 않은 말도 일단 물가에 데려다 놓으면 언젠가 물을 마시게 된다.

물가에 가서 물을 보는 것 자체가 말로 하여금 물을 마시게 하는 계기를 제공하기 때문이다.

이처럼 행동 변화를 일으키는 작은 계기를 만들어서 큰 변화를 유도하는 것을 심리학에서는 '모멘텀 기법'이라고 한다.

내가 하고 싶은 게 있다면 일단 그 환경을 만드는 것이 중요하다.

공부하고 싶다면 일단 독서실로 가면 된다.

독서습관을 가지고 싶다면 일단 도서관에 가서 책을 빌리면 된다.

부자가 되고 싶다면 일단 돈이 많은 은행에 자주 가면 된다.

운동습관을 가지고 싶다면 헬스장에 가서 등록하면 된다.

좋은 아이디어를 찾고 싶다면 메모장과 볼펜을 가지고 다니면 된다.

행복해지고 싶다면 행복한 사람들만 만나 행복한 이야기만 하면 된다.

시간 관리를 잘하고 싶다면 시간의 가계부를 쓰면 된다.

목표를 이루고 싶다면 목표를 쓰고, 외치고, 지금 당장 하면 된다.

하고 싶은 것을 찾았다면 그 환경으로 내가 들어가라.

그러면 자동으로 하고 싶은 것을 하고 있을 것이다.

'안 하는 것'보다 '하는 것'의 힘

　우리 쌍둥이의 유치원 시절 이야기다.

　우리 가족은 바닷가로 여름휴가를 갔다.

　그런데 운이 없게 휴가기간 동안 태풍이 지나고 있어 제대로 물놀이를 할 수 없었다.

　다음 날 아침 태풍이 지나가고 날씨가 좋아져 물놀이를 하기 위해 해변에 나가보니 불가사리와 조개들이 해변을 덮고 있는 신기한 광경을 보았다.

　나는 쌍둥이들과 해변을 걷다가 불가사리와 조개를 주워 바다로 던졌다.

　지켜보던 아들은 나에게 물었다.

　"아빠, 뭐 해?"

　나는 대답했다.

　"이 불가사리와 조개는 살아 있단다. 바다로 던져 주지 않으면 햇볕에 죽을 수도 있어."

　이번에는 딸이 말했다.

"하지만 아빠, 불가사리와 조개는 너무 많잖아?"

나는 조용히 다른 불가사리와 조개를 주워서 바다로 던지면서 말했다.

"적어도 내가 방금 바다 속으로 던진 저 불가사리와 조개에게는 도움이 되었겠지!"

'안 하는 사람'과 '하는 사람'

매일 말만 하고 실천 안 하는 사람도 있고, 말했으면 바로 행동으로 보여주는 사람도 있다.

한번 만나자고 해놓고 안 만나는 사람도 있고, 바로 약속을 잡는 사람도 있다.

조금 쉬었다가 공부한다고 해놓고 안 하는 사람도 있고, 바로 책상에 앉아 공부하는 사람도 있다.

시키는 일도 안 하는 사람이 있고, 일을 찾아서 하는 사람도 있다.

안 하는 사람은 마음만 있는 사람이고, 하는 사람은 마음과 몸이 함께하는 사람이다.

안 하는 사람을 '게으른 사람'이라고 하고, 하는 사람을 '부지런한 사람'이라고 한다.

안 하는 사람은 바로 '나'다.

당신은 안 하는 사람인가, 하는 사람인가.

실천해야 하는 이유

공자께서 말씀하셨다.

"듣는 것은 기억되지 않고, 눈으로 보는 것은 조금 기억되고, 직접 해본 것은 완전히 이해된다."

배우기만 하면 뭐 하는가.
책만 읽으면 뭐 하는가.
좋은 거 알면 뭐 하는가.
말이 필요 없다.
직접 해봐야 진짜 내 것이다.

실천을 도와주는 비법

1. 공개적으로 약속해라: 지키지 않으면 실없는 사람이 된다.
2. 의식으로 만들어라: 매일 반복하는 의식이 나를 만든다.

3. 심판을 선정해라: 심판으로부터 정기적인 검사를 받아야 일이
   진행된다.

4. 집중해라: 딴 생각하지 마라. 한 가지만 생각해야 실행력이 올라
   간다.

5. 써라……. 외쳐라……. 지금 해라…….: 매일 쓰고, 외치고, 하는
   데 안 될 수 없다.

인생 '실천' 마인드 솔루션

"'아는 사람'을 이기는 유일한 사람은 '하는 사람'이다."

실천 마인드를 위해 꼭 실천하고 싶은 것을 쓰세요.
예) 쓰고 외치고 지금 실천하기, 알람에 실천 내용 저장하기(독서, 책 쓰기, 금
주, 금연)

도움을 주신 참고문헌들

처방전을 만든 사람은 저자이지만 도움을 주신 분은 따로 있습니다. 인용하고 참고할 수 있어 감사했습니다. 모두가 여러 저자님들 덕분입니다.

part 1. 나를 먼저 찾고 인생을 찾아주는 약 - 나찾기

켄 베인. 최고의 공부. 이영아 옮김. 와이즈베리. 2012.

EBS. 0.1%의 비밀.

이의용. 스무 살의 나의 비전. 학지사. 2013.

브라이언 트레이시. 목표. 그 성취의 기술. 정범진 옮김. 김동수 감수. 김영사. 2003.

남청. 철학 무게를 벗다. 자유로운 상상. 2013.

허은아. 센놈 vs 약한 분. 휴머큐브. 2015.

SBS 경제와이드 백브리핑 시시각각 최재봉 마케팅전문가.

[법화경]에 나오는 '무가보주' 이야기.

part 2. 단점을 장점으로 만드는 약- 긍정

전성수. 자녀교육혁명 하브루타. 두란노. 2012.

스피치NLP최면 정동문변화코치의 메시지

김신영 기자. 조선일보. 2015. 5. 21.

허장연 외 1명.. ncs 기반의 인성과 진로. 동문사. 2015.

켄 블랜차드 외 2명. 춤추는 고래의 실천. 조천제·조영만 옮김. 청림출
판. 2009.

법륜. 인생수업. 휴. 2013.

신용준 외 1명. 인간관계가 답이다. 정민미디어. 2015.

강상구. 성공하는 나의 비전 만들기. 어드북스. 2005.

이의용. 스무 살의 나의 비전. 학지사. 2013.

part 3. 계산하지 않고 그냥 하게 되는 약- 도전

강성태. 미쳐야 공부다. 18시간 몰입의 법칙. 다산에듀. 2015.

김미경. 꿈이 있는 아내는 늙지 않는다. 날개. 2007.

중앙일보. 2017년 1월 16일

에이미 윌킨슨. 크리에이터 코드. 김고영 옮김. 비즈니스북스. 2015.

중앙일보. 2016년 9월 26일

김인수. 뻘셈의 리더. 명태. 2015.

백강녕. 안상희. 강동철. 삼성의 CEO들은 무엇을 공부하는가?. 알프레
드. 2015.

part 4. 그냥 내버려두면 암이 되는 염증- 고정관념

변성우 강사 강의 중. 2016.

강범구. 기적의 NLP. 42media contents. 2015.

조정문 강사 강의 중. 2015.

대전삼성어린이집 화장실. 2018.

이어령. 생각 깨우기. 푸른숲 주니어. 2009.

유영만. 브리꼴레르. 샘엔파커스. 2013.

part 5. 느리지만 결국엔 이기는 거북이처럼 되는 약- 노력

고도원. 절대고독. 꿈꾸는 책방. 해냄출판사. 2017.

정진홍 논설위원. 중앙일보. 2009. 4. 4.

김주환. 그릿. 쌤파커스. 2013.

박영찬. 한국형 리더십. 매일경제신문사. 2014.

서동식. 꿈꾸며 살아도 괜찮아. 함께북스. 2014.

강헌구. 가슴 뛰는 삶. 쌤앤파커스. 2008.

part 6. 입으로 할 수 있는 최고의 약- 칭찬

정철. 내 머리 사용법. 리더스북. 2009.

완벽한 공부법. 고영성 신영준. 로크미디어. 2016.

오수향. [1등의 대화습관]. 책들의 정원. 2016.

잭 웰치·수지 웰치. 잭 웰치의 마지막 강의. 강주헌 옮김. 임프린트

ALFRED. 2015.

정지승. 프로강사. 내 인생 최고의 선택. 평단. 2015.

조관일. 한바탕 웃기기. 위즈덤하우스. 2011.

이외수. 자뻑의 힘. 해냄출판사. 2015

필리스 데이비스. 스킨십의 심리학. 책비. 2013.

김인수. 뺄셈의 리더. 명태. 2015.

part 7. 남아서 주는 것이 아니라 주니까 남는 약- 나눔

정철. 내 머리 사용법. 리더스북. 2009.

임숙경. 배꼽철학. 북마당. 2012.

정지승. 프로강사. 내 인생 최고의 선택. 평단. 2015.

팀 페리스. 타이탄의 도구들. 토네이도. 2017

이소윤·이진주. 9번째 지능. 조세핀교수 감수. 청림출판. 2015.

짐론. 드림리스트. 박옥 옮김. 프롬북스. 2012.

이영숙. 한국형 12성품교육론. 좋은나무성품학교. 2014.

part 8. 대화의 갑이 되는 약- 경청

신영복 글 그림. 처음처럼. 돌베개. 2016.

하지현. 소통의 기술. 미루나무. 2007.

김승호. 알면서도 알지 못하는 것들. 스노우북스. 2017

한재명. 거절을 이겨내는 절대 실행의 7법칙. 미래문화사. 2016.

EBS제작팀. 왜 우리는 대학에 가는가. 해냄. 2015.

허정연외1명. ncs 기반의 인성과 진로. 동문사. 2015.

윤정구. 진성리더십. 라온북스. 2015.

part 9. 모든 것을 시작할 때 필요한 약- 믿음

스탠 비첨. 엘리트 마인드. 비즈페이퍼. 2017.

김승호. 생각의 비밀. 황금사자. 2015.

민진홍. 땡큐파워. 라온북. 2016.

part 10. 미루지 않게 되는 약- 실천

정철. 내 머리 사용법. 리더스북. 2009.

나카타니 아키히로. 행복어사전. 바움. 2007.

세스고딘. 시작하는 습관. 마일스톤. 2017.

스티븐 기즈. 습관의 재발견. 구세희 옮김. 비즈니스북스. 2014.

이민규. 변화의 시작 하루 1%. 끌리는 책. 2015.

곽숙철의 혁신이야기.

김호. 쿨하게 생존하라. 모멘텀. 2014.